DIE SUPERADLER

Schlieri, Morgi & Co

DIE SUPERADLER

Schlieri, Morgi & Co

Michael Roscher
Johannes Sachslehner (Hg.)

Mit Beiträgen von
Heike Kossdorff und Josef Metzger

pichler verlag

ISBN: 978-3-85431-540-7

Cover- und Buchgestaltung: Bruno Wegscheider
Herstellung: Martina Lundquist und Franz Hanns

Reproduktion: Pixelstorm, Wien
Druck und Bindung:
Druckerei Theiss GmbH, St. Stefan im Lavanttal

Inhalt

FISCHER

Johannes Sachslehner

Weite Sprünge

Skispringen in Österreich

Oben: Pionier Josef „Sepp" Bildstein bei einer Sprungkonkurrenz am Semmering.

Rechte Seite: Eine Legende: Josef „Bubi" Bradl, Weltmeister 1939 und der erste Springer, der die 100-Meter-Marke übertraf.

Skispringen ist aus dem Sportgeschehen der Wintermonate nicht mehr wegzudenken. Wochenende für Wochenende ziehen die Wettkämpfe der schlanken Männer mit den langen Latten Hunderttausende Fans in ihren Bann; mit dem Neujahrsspringen in Garmisch-Partenkirchen eröffnet traditionell das Sportjahr, mit dem Springen in Oberstdorf schließt es. Treu folgen die Fernsehzuschauer ihren Lieblingen auf die Schanzen dieser Welt: vom finnischen Kuusamo bis zum Berg Isel, von Bischofshofen bis Sapporo, von Trondheim bis Planica. Sie schätzen die exzellente Show, die ihnen die sympathischen Helden der Bakken bieten: weite Sprünge, Hochspannung, Emotionen. Man ärgert sich über „Windlotterien" und vermeintlich ungerechte Haltungsnoten, man freut sich über Siege und leidet mit bei Niederlagen. Ja, Skispringen euphorisiert die Fans: Fahnenmeere in den Sprungstadien beschwören die „Luftherrschaft" der „Adler", die Springer sind gleichsam die Delegierten der Nationen, ihre Siege sind Demonstrationen von Macht und Stärke, ihre Niederlagen gefühlte Signale der Ohnmacht. Von Jahr zu Jahr beweisen die ÖSV-Superadler, dass sie in diesem Spiel ein gewichtiges Wort mitreden können.Obwohl nur ein kleines Land darf sich Österreich deshalb zu Recht „Skisprunggroßmacht" nennen.

„Skispringen", so konnte der Erzähler in Franzobels Buch *Mundial. Gebete an den Fußballgott* (2002) noch polemisch behaupten, sei bis vor kurzem „der kleinste gemeinsame Nenner für Sporthasser und Fans" gewesen, „Skispringen mochte niemand, Skispringen, war man sich einig, ist notwendig wie ein Kropf, und allenfalls zum Spekulieren über jene Baldur Preimlschen Menüplantheoreme gut, nach denen die Springer sich zur Steigerung des Fluggefühls von Lemuren, Eichkätzchen und Papierfliegern ernähren müssten." Heute sehen selbst die „Sporthasser", die ansonsten um jedes Fußballspiel im TV einen weiten Bogen mit der Fernbedienung schlagen, den Profis im Weltcupzirkus gerne auf die Skier, es fasziniert die Leichtigkeit, die scheinbare Selbstverständlichkeit, mit der sie zu ihren Siegen segeln, und es gefällt das Fehlen von Brutalität und Gehässigkeit, wie man dies im modernen Sport immer wieder antrifft. Vor

52

6
ancelot Speed

allem aber sind es die rot-weiß-roten Stars der Szene, die „Superadler", die begeistern: eine entschlossene Truppe, die beinahe immer um den Sieg mitkämpft, wahre Musketiere der Schanzen, die 2006 und 2010 jeweils mit Olympiagold im Team eindrucksvoll ihre Stärke demonstrierten.
Zu den medial perfekt inszenierten „Events", wie sie heute etwa die Konkurrenzen der Vierschanzentournee darstellen, war es jedoch ein weiter Weg, der am 2. Februar 1893 auf einem verschneiten Misthaufen in Mürzzuschlag seinen Anfang nahm: Der norwegische Bäckerlehrling Bismarck Samson aus Wien gewann damals die erste in Österreich ausgetragene Konkurrenz im Skispringen mit einer Weite von 6 Metern. Dass ein Norweger diesen Bewerb der „Winterspiele" in der Obersteiermark für sich entschied, wunderte niemanden, waren sie doch die großen Vorbilder der mitteleuropäischen Skisprungfans. Ehrgeizig studierte man Technik und Material der Könner aus dem Norden, musste ihnen aber dennoch immer wieder den Vortritt lassen. Einzelne Springer machten jedoch durchaus von sich reden, so vor allem der gebürtige Bregenzer Josef „Sepp" Bildstein (1891–1970), der 1911 auf der damals größten Sprung-

Oben: Eigenwillige Technik: Skispringen in Mariazell, um 1900.

Linke Seite: In Norwegen bereits ein Publikumshit: Wettkampf anno 1897.

schanze Österreichs in Bad Aussee mit 41 Metern einen neuen mitteleuropäischen Weitenrekord aufstellte und als erster Österreicher im selben Jahr am Holmenkollen in Oslo, dem Mekka des nordischen Wintersports, an den Start gehen durfte. Als ebenso guter Langläufer wurde er zweimal österreichischer Meister in der Nordischen Kombination; 1924 schraubte er den österreichischen Weitenrekord in Bad Hofgastein auf 50 Meter. Sepp Bildstein, der an den Technischen Universitäten in Graz und Wien studierte hatte, brillierte auch abseits der Schanzen und Loipen: Nach einem Beinbruch entwickelte er 1925 eine eigene Sicherheitsbindung, die so genannte „Bildstein-Federstrammer-Bindung", und 1937 errichtete er zusammen mit Emil Doppelmayr in Zürs am Arlberg den ersten Schlepplift. Der Skipionier aus Bregenz ist auch der erste österreichische Springer, der theoretisch über seinen Sport schreibt – so bekannte Begriffe wie „Liegen auf der Luft" und „Vorlegen des Oberkörpers" gehen auf ihn zurück; nicht zuletzt setzte er wichtige Impulse für den Bau neuer Schanzen, die Sprungweiten über 50 Meter erlaubten.
Skispringer und Ingenieur war auch der von seinen Touren mit Karl Prusik

Linke Seite: Abenteuer im Schnee: Training auf der Rendl-Schanze bei St. Anton, um 1910.

Unten: Die Norweger dominieren die Sprungwelt: Doppelolympiasieger Birger Ruud besticht durch elegante Haltung in der Luft.

her als Alpinist bekannte Wiener Roland Hamperl (1901–1929); 1927 erwarb er an der Technischen Hochschule in Wien mit einer Dissertation *Mechanik des Skispringens und Sprungschanzenbaues* das Doktorat; seine Darstellung der „Flugkurven" und seine Theorie des Schanzenbaus stellten den Sprungsport auf eine neue wissenschaftliche Grundlage.
In den Jahren vor dem Ersten Weltkrieg war das Skispringen noch keine hochspezialisierte Sportart, sondern beliebtes Freizeitvergnügen für viele – Männer und Frauen gaben sich gleichermaßen dem Nervenkitzel dieses neuen Abenteuers hin. 1911 verblüffte bei Sprungkonkurrenzen auf der Schattbergschanze in Kitzbühel die Reichsgräfin Paula von Lamberg (1887–1927) ihre männlichen Mitbewerber mit Weiten bis zu 28 Metern; als „schwebende Gräfin" machte die „im langen Rock" springende Adelige sogar in Skandinavien von sich reden. 1927 kam die sportliche Kitzbühlerin bei einem Seitenwagenrennen auf dem Berchtesgadener Salzberg ums Leben.
Der große Krieg, der das alte Europa in den Abgrund riss, markierte auch für den Skisprungsport eine Wende. Die Weitenjagd auf den Schanzen, bisher als „Breitensport" ausgeübt, wurde „professioneller" und damit zu einere Domäne verwegener männlicher Sporthelden, die nun mit den 1924 erstmals in Chamonix durchgeführten Olympischen Winterspielen und den Weltmeisterschaften des Internationalen Skiverbandes eine entsprechende Bühne vorfanden. Und noch dominierten die Norweger: Die ersten sechs Olympiasieger (1924 bis 1952) kamen alle aus Norwegen; erst 1956 siegte in Cortina mit Antti Hyvärinen erstmals ein Finne, die Norweger gingen leer aus.
Immer größere Schanzen und die Verbesserungen in Technik, Material und Trainingskonzeption führten – wie im Sport typisch – zu einer rasanten Entwicklung der Weitenrekorde. Der erste statistisch festgehaltene Rekord von 1879, gesprungen im Rahmen der ersten regulären Sprungkonkurrenz auf dem Husebybakken in Oslo, lag bei 23 m. Bis 1927 verbesserten nur Norweger den Weitenrekord, dann stellte der Schweizer Bruno Trojani auf der Berninaschanze in Pontresina mit 72 m eine neue Höchstweite auf. 1936 gab es in Planica, auf einer Schanze, die der altösterreichische Flugpionier Stanko Bloudek und der Ingenieur Iván-Jánez Rozmán gebaut hatten, den ersten Sprung über 100 m durch den unvergessenen Sepp „Bubi" Bradl (101 m). 1962 wurde der Weltrekord durch Peter Lesser auf 141 m, 1965 auf 145 m verbessert. 1967 wurden 150 m vom Norweger Lars Grini gesprungen, dann schaffte Toni Innauer mit seinen denkwürdigen Sprüngen in Oberstdorf 174 und 176 m. Doch damit war die Weitenjagd im modernen Skisprungsport erst eröffnet: Toni Nieminen gelang es 1994 erstmals, die ominöse 200-Meter-Marke zu

Planica im Jahre 1936: Hier springt Josef „Bubi" Bradl am 15. März dieses Jahres als erster Mensch über 100 Meter.

überfliegen; inzwischen steht der Weitenrekord bei 239 Metern, gesprungen am 20. März 2005 vom Norweger Bjørn Einar Romøren in Planica; den österreichischen Weitenrekord von 233,5 Metern hält Gregor Schlierenzauer, gesprungen am 15. März 2008 in Planica.

Überraschend spät, erst 1936, gab die FIS, der Internationale Skiverband, eine „Wettlaufordnung" für das Skispringen heraus, das Resultat einer Zusammenarbeit von Fachleuten aller „Skinationen". Schon damals hielt man es für notwendig, dem „Wetteifern" in der Weitenjagd einen Riegel vorzuschieben – Schanzen, deren kritischer Punkt über 80 Meter lag, sollten nicht mehr genehmigt werden; betroffen waren die damaligen „Mammutschanzen" in Planica, Ponte di Legno, Maloja, Bretaye und Villars. Vor allem der Betreiber der Schanze in Planica, der Wintersportverein Laibach, protestierte heftig gegen dieses Verbot; erstmals tauchte in dieser Diskussion die Idee auf, überhaupt eine neue Disziplin des Springens, das

„Skifliegen“, einzuführen: Alle Sprünge jenseits der 70-Meter-Marke (!) sollten in diese Kategorie fallen; der Ausbruch des Zweiten Weltkriegs verhinderte einen endgültigen Beschluss in dieser Frage – das erste offizielle, von der FIS anerkannte Skifliegen wird 1950 am Kulm stattfinden; der Schwede Dan Netzell springt in diesem Jahr auf der steirischen Flugschanze 135 Meter.

Zurück zum ersten „Superadler“ Österreichs, zu Sepp „Bubi“ Bradl. Für ihn, der in Mühlbach am Hochkönig aufwächst, mit neun Jahren seine ersten Springen gewinnt und als Zwölfjähriger zusehen muss, wie sein Vater von einer Lawine getötet wird, stand das Erlebnis der Freiheit auf den Schanzen, das Vergnügen am Sprungsport im Vordergrund Es gab es einst nichts Schöneres: „In sausender Fahrt einen Anlauf hinunterzuschießen, ins Leere zu springen, frei wie ein Vogel durch die Luft zu fliegen, neuen Erfolgen entgegen.“ Bei den Olympischen Spielen 1936 in Garmisch-Partenkirchen blieb dieser Erfolg jedoch noch aus; sechs Tage vor der Konkurrenz stürzte Bradl im Training schwer und musste ins Krankenhaus. Als er gegen die ärztlichen Anordnungen, die zwei Wochen Bettruhe vorsahen, eigenmächtig das Spital verließ und dennoch an den Start ging, scheiterte sein Angriff auf eine Medaille – es blieb bei einem 19. Platz.

Der Höhepunkt der Karriere Bradls: der Weltmeistertitel, den er für die Farben „Großdeutschlands“ am 11. Februar 1939 in Zakopane erkämpft. Am 20. März 1938, ausgerechnet bei der letzten Konkurrenz der Saison, hatte sich Bradl in Zell am See das Schienbein gebrochen; um den noch immer schmerzenden Fuß nicht zu überanstrengen, absolvierte er an den Trainingstagen jeweils nur einen Sprung; der flache Aufsprung an der Schanze belastete die frisch verheilte Bruchstelle.

In seinem Buch *Mein Weg zum Weltmeister* schildert Bradl seine Vorbereitung auf den Wettkampftag: Über fünf Stunden lang „wachselt“ er seine „Latten“, die er dann neben sein Bett stellt, damit niemand die Laufflächen berühren kann. Dann versucht er zu schlafen: „Nun lag ich im Bett und starrte gegen die Decke. Schlafen konnte ich nicht, zu viele Gedanken waren in meinem Kopf. Ich hörte elf Uhr schlagen, aus der Ferne ganz leise Tanzmusik, ich dachte an zu Hause, an meine Gegner und vor allem daran, dass ich schlafen wollte. Ich drehte mich zur Seite und schloss die Augen. Jetzt sah ich sie ganz deutlich vor mir, die Gesichter der Norweger. Birger Ruud, Hjalmar Myhra, Arnold Kongsgaard und Asbjörn Ruud. Lachend grinsten sie mich an, als wollten sie sagen: ‚Du willst uns schlagen?‘“

Eine Flasche Bier hilft Bradl schließlich über die Nacht zu kommen, ungeduldig fiebert er dem Wettkampf entgegen. Er hat die Startnummer 19,

vor ihm hat mit Startnummer 16 der Norweger Kongsgaard mit 76,5 m die Führung übernommen: „In mir kochte es, und ich konnte es kaum erwarten, bis Nummer 18 den Anlauf verließ und ich endlich an die Reihe kommen sollte. Gespannt blickte ich in die Tiefe, bis der Starter die Schanze freigab. Jetzt hob er die Fahne. Ein Gruseln ging durch meinen Körper, und mit einer Entschlossenheit, die mich alles wagen ließ, steuerte ich bereits in tiefster Hocke dem Schanzentisch zu. Abspringen! Abspringen! Das war der einzige Gedanke, der mich auf dieser Fahrt bewegte, der mich voll und ganz gefangennahm. Wie gebannt blickte ich auf die Kante des Schanzentisches:
Zack! Genau erwischte ich den Absprung, und mit einigen schnellen, kräftigen Schwimmbewegungen arbeitete ich mich noch in die Höhe. Jetzt konnte ich mich auf die Luft legen! Ruhig zog ich nun weiter, weiter, weiter. Der schmutzige Aufsprung lag unter mir, hoch stand ich draußen in der Luft, und weit bis in den Übergang hinein ging mein Blick. Jetzt flog ich rasch in die Tiefe. Schnell kam der Aufsprung näher, und nur ein Gedanke beseelte mich mehr: ‚Nicht stürzen.' Gleich darauf krachten meine

Josef „Pepi" Jennewein aus St. Anton am Arlberg wird 1939 in Zakopane Weltmeister in der Alpinen Kombination und 1941 bei der Nordischen Weltmeisterschaft in Cortina d'Ampezzo 14. im Springen. Im Zweiten Weltkrieg als Kampfpilot im Einsatz, ist Jennewein seit dem 27. Juli 1943 verschollen.

Rechte Seite: Dynamische Luftfahrt: „Bubi" Bradl bei den Österreichischen Meisterschaften am Semmering, 1952.

Skier auf den nassen, eisigen Schnee und mit ganzer Energie hielt ich dem wahnsinnigen Druck stand. Aufatmend durchfuhr ich den Übergang, dem Auslauf entgegen."

80 m werden für diesen gelungenen Sprung Bradls angezeigt, eine Weite, an die keiner der Konkurrenten herankommt, am nächsten noch der Norweger Hjalmar Myhra mit 79 m – so geht es in die „Entscheidungsschlacht" des zweiten Durchganges, die geprägt ist von „fast feierlicher Stimmung" unter den Springern. Birger Ruud, der zweimalige Olympiasieger, legt 81,5 m vor; Bradl kommt trotz eines verpassten Absprungs auf 76,5 m und kann so den Angriff der Norweger gerade noch parieren. Hjalmar Myhra landet ebenfalls bei 76,5 m – Bradl gewinnt vor Birger Ruud und Arnold Kongsgaard; erstmals in der Geschichte der Weltmeisterschaften müssen die Norweger den Titel abgeben. Der 21-jährige Sepp Bradl sieht sich am Ziel: „Ein unendliches Glücksgefühl, eine innere Ruhe, eine Zufriedenheit war in mir, die ich bisher niemals so empfunden hatte, nicht einmal bei meinem ersten 100-Meter-Sprung. Hier in Zakopane waren endlich mein Wunsch und mein Traum in Erfüllung gegangen."

Fünfter wird in diesem denkwürdigen Bewerb, der bereits überschattet ist von kommendem Unheil, der polnische Lokalmatador Stanislaw Marusarz, im zweiten Durchgang springt er mit 78 m weiter wie Weltmeister Bradl. Marusarz (1913–1993), der Vizeweltmeister des Jahres 1938, schließt sich nach dem Überfall Hitlerdeutschlands auf Polen der polnischen „Heimatarmee" *(Armia Krajowa)* an und führt zusammen mit seiner Schwester Helena Flüchtlinge durch die Tatra und die Slowakei nach Ungarn. Im April 1940 wird er in der Slowakei festgenommen und der Gestapo übergeben; seine Schwester wird 1941 in der Nähe von Tarnów erschossen. Marusarz, den die Gestapo im berüchtigten Montelupich-Gefängnis in Krakau festhält und bei den Verhören schwer foltert, schweigt jedoch eisern. Als die Deutschen ihre Taktik ändern und ihm eine Zusammenarbeit vorschlagen, lehnt er ab – neue Foltern sind die Antwort. Zusammen mit 133 anderen Häftlingen wird er schließlich zum Tode verurteilt, kann aber vor der Exekution fliehen und sich nach Ungarn durchschlagen, wo er sich bis Kriegsende verborgen hält. So wie Bradl setzt auch Marusarz seine Karriere fort und nimmt noch an den Olympischen Spielen 1952 in Oslo und 1956 in Cortina d'Ampezzo teil.

Nicht verschweigen werden darf an dieser Stelle, dass NS-Gedankengut gerade im Lager der Skispringer auf fruchtbaren Boden fiel. So kam es am 14. Jänner 1934 bei den Meisterschaften des Tiroler Skiverbandes in Hall zu einem Eklat: Die für diesen Tag angesetzte Sprungkonkurrenz wurde kurzerhand zu einer politischen Demonstration umfunktioniert: Die Tiroler Springer weigerten sich, gegen die zahlreichen zum Start

Der erste österreichische Medaillengewinner bei Olympischen Spielen: Otto Leodolter springt 1960 in Squaw Valley zur Bronzemedaille.

zugelassenen „Ausländer" anzutreten; das Springen wurde abgesagt, Springer und Zuschauer legten daraufhin, wie es in einem Flugblatt der Tiroler NSDAP voll Genugtuung hieß, ein „elementares Bekenntnis zum Deutschtum" ab: Sie riefen „Heil Hitler!" und sangen gemeinsam das Deutschlandlied sowie das Horst-Wessel-Lied, ehe die Gendarmerie und ein Feldjägerbataillon des Bundesheers eingreifen und die Demonstranten zerstreuen konnten.

Auch Legende Sepp Bradl, der in seiner Autobiografie diesen Aspekt aus begreiflichen Gründen völlig ausspart, konnte sich der NS-Ideologie nicht entziehen: Er tritt noch vor dem „Anschluss" der illegalen SA bei, wo er es bis zum „SA-Ehrensturmführer" bringt. Nach 1945 muss er deshalb für einige Zeit ins Entnazifizierungscamp Glasenbach; auch die Teilnahme an den Olympischen Spielen 1948 wird ihm untersagt. 1952 in Oslo darf er wieder an den Start, doch Olympia bringt ihm auch diesmal kein Glück: Er stürzt im Wettkampf.

Mit dem Gewinn der ersten Vierschanzentournee 1953 feierte „Bubi" Bradl – der „Adler vom Hochkönig" ist inzwischen auch als Hüttenwirt tätig – seinen letzten großen Erfolg: Er gewinnt das Springen in Innsbruck und wird in Garmisch, Oberstdorf und Bischofshofen jeweils Zweiter – mit knappen 1,1 Punkten Vorsprung auf den Norweger Halvor Naes sichert er sich den Gesamtsieg.

Nach dem Ende seiner Karriere blieb Bradl dem Skispringen weiter treu; ihm ist es in großem Maße zu danken, dass die österreichischen Springer weiter an der Spitze mitmischen. Als Trainer der österreichischen Nationalmannschaft führt er den Steirer Otto Leodolter 1960 in Squaw Valley zu Olympiabronze – es ist die erste olympische Medaille für Österreichs Springer überhaupt. Acht Jahre später schlagen seine Schützlinge wieder zu: Am 11. Februar 1968 gewinnt der Eisenerzer Bergmann Reinhold Bachler auf der Normalschanze in Autrans bei Grenoble mit Sprüngen über 77,7 und 76 m die Silbermedaille; der 28-jährige Kärntner Baldur Preiml holt sich mit 80 – dem weitesten Sprung der Konkurrenz – und 72,5 m die Bronzene und lässt dabei den norwegischen Favoriten Bjørn Wirkola knapp hinter sich. Noch ahnt niemand, dass dieser junge Mann, der bald darauf seine Karriere beendet und sich dem Studium von Sport und Geschichte widmet, wenige Jahre später die Welt des Skispringens revolutionieren und das Tor zu einer neuen Ära aufstoßen wird: 1970 beginnt Preiml seine Lehrtätigkeit im Skigymnasium Stams; seine ersten Schüler in der von ihm betreuten Springergruppe sind Karl Schnabl, Rupert Gürtler und Alfred Pungg; zu ihnen stoßen später auch Toni Innauer und Alois Lipburger. Preiml und seine talentierten Schützlinge gehen das Springen von Grund auf neu an: Die Trainingsmethoden der zu

Skispringen steht für ein neues Lebensgefühl. Werbeplakat für Damenmode von Joseph Binder, USA, 1947, Plakatsammlung Österreichische Nationalbibliothek.

dieser Zeit sehr erfolgreichen DDR-Springer werden genau unter die Lupe genommen, mentale und ernährungstechnische Aspekte werden sorgfältig mit in die Vorbereitung der Athleten einbezogen; gleichzeitig arbeitet man an Innovationen im Materialbereich: Neue Laufflächen für die Sprungski, luftundurchlässige Sprunganzüge und Wadenstützen bei den Bindungen verschaffen den österreichischen Adlern plötzlich einen entscheidenden Wettbewerbsvorteil. Die Vierschanzentournee 1974/75 wird zum Triumphzug der Preiml-Schüler; das Springer-„Wunderteam" ist geboren; Skispringen boomt plötzlich im Fernsehen; die Wettbewerbe mit den österreichischen Adlern locken Tausende von Fans an die Bakken. Die Kette der Höhepunkte reißt nicht ab:

1976 gewinnt Karl Schnabl in einer dramatischen und bis heute unver-

Trainer „Bubi" Bradl mit seinem Schützling Reinhold Bachler bei den Olympischen Winterspielen in Grenoble 1968.

gessenen Konkurrenz am Bergisel Gold vor Toni Innauer, der sich vier Jahre später seinen Olympiasieg sichert: Am 17. Februar 1980 triumphiert er auf der Normalschanze in Lake Placid in eindrucksvoller Manier: Höchstweite mit 89 und 90 m in beiden Durchgängen, dazu entsprechend hohe Haltungsnoten und am Ende 17,1 Punkte Vorsprung auf die beiden ex aequo Zweitplatzierten Manfred Deckert aus der DDR und Hirokazu Yagi aus Japan. DDR-Sportkommentator Klaus Ullrich meinte damals dazu: „Wäre es nur um den Olympiasieg gegangen, hätte man Innauer nach Boxerregeln in diesem Augenblick durchaus zum Sieger durch Abbruch wegen sportlicher Überlegenheit erklären können."

Zwei Anläufe benötigt auch der Absamer Ernst Vettori: Bei den Olympischen Spielen 1988 in Calgary muss er sich mit einem 24. (Normalschanze) und einem 28. Platz (Großschanze) bescheiden – „stilistisch einwandfrei, aber ohne Druck, ohme Zug, ohne Weite" kritisierten enttäuscht die rotweiß-roten Beobachter den zweimaligen Gewinner der Vierschanzentournee, um dann vier Jahre später zu jubeln: 1991 – mit 27 Jahren (!) – ließ sich Vettori zum V-Mann umschulen und gewann auf der Normalschanze

bei den Winterspielen in Albertville 1992 prompt vor Martin Höllwarth die Goldmedaille. „Wenn die Vögel mich fliegen sehen, dann gehen sie zu Fuß", verkündete Vettori selbstbewusst. 14 Jahre später findet auch er einen Nachfolger: Thomas Morgenstern gewinnt in Pragelato Gold vor Andreas Kofler; weitere vier Jahre später muss Gregor Schlierenzauer im Whistler Olympic Park die Überlegenheit des in Topform springenden Schweizers Simon Ammann anerkennen und sich mit zweimal Bronze „begnügen" – die nächsten Chancen zur Revanche stehen jedoch bereits vor der Tür: Im Februar 2011 wird bei der Nordischen Skiweltmeisterschaft in Oslo wieder um Gold, Silber und Bronze gesprungen, die rotweiß-roten Superadler werden wieder ein Wörtchen mitreden und wir, ihre treuen Fans, werden wieder die Daumen drücken – die Siege der Superadler sind ja letztlich auch unsere Siege, das oft zitierte und belächelte „*Wir* haben gewonnen!" ist nicht ganz falsch: Es sind die Fans, die die Begeisterung – und das Geld – in den Sport tragen; nur mit ihnen zusammen sind Erfolge auch Triumphe …

Siegerehrung für die Medaillengewinner auf der Normalschanze von Autrans 1968: Reinhold Bachler (Silber), Jiří Raška (Gold), Baldur Preiml (Bronze).

Olympische Spiele Innsbruck 1976: Reinhold Bachler beim Springen auf der Normalschanze in Seefeld; der Eisenerzer belegt den sechsten Platz.

23

Josef Metzger

Als die Adler flügge wurden

Elegante Landung: Olympiasieger Karl Schnabl setzt 1976 am Bergisel einen perfekten Telemark in den Schnee.

Rechte Seite: Vierschanzentournee 2002/03: Andi Goldberger am Bergisel.

Skispringen in den 1950er-Jahren und auch noch danach, das schien mitunter so, als wären die Schanzenjäger noch Relikte aus der Vorkriegszeit, die den Absprung in die Neuzeit verpasst hatten. Andere Zeit, anderes Outfit, klobige Ski, plusternde Hosen, antiquierte Hauben. Und es gab damals keine Adler, höchstens Könige der Lüfte, wenn's nicht hoch, aber ganz weit herging. So war das damals beim legendären Sepp „Bubi" Bradl gewesen, der schon 1936 in Planica als erster Skispringer die 100 m um einen Meter übertroffen hatte und später Weltmeister (1939) geworden war, ehe ihm der Krieg die besten Sportlerjahre raubte. Und so war das auch noch, als Otto Leodolter in Squaw Valley 1960 zu Bronze segelte.

Und dieser Hauch von Gestern sprang immer noch mit, als Weltrekordler Reinhold Bachler, ein früherer Bergmann aus Eisenerz, und ein gewisser Baldur Preiml, damals allerdings schon mit Lederhelm, bei Olympia 1968 mit Silber und Bronze auftrumpften. Preiml wurde danach Lehrer, Bachler mischte manchmal noch mit, konnte aber den darauffolgenden Tiefflug nicht aufhalten. Springernation? Mitnichten! In die Erfolglosigkeit mischte sich Desinteresse bis Gleichgültigkeit, die TV-Einschaltziffern rasselten damals so in den Keller, dass das (ORF-)Fernsehen vor der Tournee 1974/75 auf eine Live-Übertragung aus Oberstdorf verzichtete, Devise: Ein Zusammenschnitt zu späterer Stunde würde reichen, um den p. t. Kunden zu befriedigen. Ein Beschluss, der niemanden kratzte, sondern eher selbstverständlich schien. Niemand hätte gedacht, dass man dabei buchstäblich einen „Quantensprung" verpassen würde. Auch die meisten Zeitungsredaktionen waren mit wenigen Ausnahmen nicht vor Ort. Aber erstens kommt es anders, zweitens als man denkt!

Man war mit Jahresrückblicken, dem populären Stadthallen-Fußball oder Alpin-Recherchen beschäftigt, als am 30. Dezember 1974 eine Eilmeldung übers Redaktions-Telex ratterte, damals die schnellste Kommunikations-

Olympische Winterspiele Innsbruck 1976: Karl Schnabl fliegt zu Gold.

form vor der Computer- und Handy-Ära. Diese Nachricht änderte nicht nur alles, sie stellte von einem Tag zum anderen das Schanzen-Establishment auf den Kopf: Sensation in Oberstdorf – Österreicher Willi Pürstl gewinnt Eröffnungsspringen der Vierschanzentournee! Ende der Kurzdurchsage. Hatte sich jemand etwa einen voreiligen Silvesterscherz erlaubt? Wer, bitte schön, soll dieser Willi Pürstl sein? Nie gehört, nie gesehen, ehe sich das erste Funkbild mühsam seinen Weg bahnte. Ah, so sieht der Bursche also aus, Steirer aus Schoder bei Murau, verschmitzt, glücklich, Typ à la Schalk im Nacken. Danach erfuhr man noch ein bisschen mehr: Schüler aus Stams, dem neuen Skigymnasium nahe Telfs, wo der neue Cheftrainer Preiml als Professor, Mentor und Trainer nicht nur diesem Pürstl auf die Sprünge geholfen hatte. Der gute Baldi aber hatte an diesem Traumtag zwei Seelen in seiner Brust, weil in die Euphorie auch ein Wermutstropfen gefallen war. Toni Innauer, 16-jähriges Wunderkind aus Vorarlberg, das schon bei der Falun-WM 1974 für Furore gesorgt hatte, war kopfüber gestürzt, man hatte schon Schlimmstes befürchtet,

Siegerehrung Innsbruck 1976, Großschanze: Toni Innauer (Silber), Karl Schnabl (Gold) und Henry Glaß (DDR, von links nach rechts).

ehe Entwarnung aus dem Spital kam. Zum Glück „nur" Gehirnerschütterung. Gut zwei Monate später sollte alles Innauer, dem neuen Ullr, dem nordischen Skigott, am Holmenkollen zu Füßen liegen. An einem 1. April geboren, aber alles andere denn ein Aprilscherz.

Ein Wunder folgte dem nächsten. Kaum hatte es das sportliche vom Himmel geschneit, schnellte das Interesse an den neuen Wunderknaben der Nation wieder in die Höhe. Quasi über Nacht stand das Ski-Volk im Banne noch unbekannter Helden, saßen Hunderttausende beim Neujahrsspringen in Garmisch-Partenkirchen in patriotischer Eintracht vor Bildschirmen, drängten sich Tausende an den Schanzen, wo sie des atemberaubenden Aufstiegs nächsten Akt erlebten. Wieder hatte ein Österreicher die Nase vorn, diesmal Karl Schnabl, in Oberstdorf gestürzt, jetzt Himmelsstürmer. Und mit ihm auch drei weitere Österreicher unter den Top 5! Unfassbar! Damals wurde der Begriff „Adler" geboren, den jungen österreichischen Überfliegern gewidmet, die im Adlerhorst Stams flügge geworden waren – nicht zuletzt dank Baldur Preiml.

*ÖSV-Stars unter sich:
Pressekonferenz der Skifabrik Fischer mit Willi Pürstl, Toni Innauer, Reinhold Bachler, Karl Schnabl, Franz Klammer und Anton Steiner (von links nach rechts).*

Er hatte als Geburtshelfer die Geburtsstunde nicht nur eines Schanzenwunders, sondern eine Material-Revolution eingeleitet. Nichts war danach mehr, wie es vorher war. Es kam zum Wettrüsten mit der DDR, es entwickelte sich eine Art kalter Krieg im Schnee – auf und neben den Schanzen. Auch mit einem Schuss psychologischer Kriegsführung. Manch Neues wurde ausgepackt, zum Erstaunen aller aber veranlasste Preiml seine Springer mitunter sogar, sich bei Minusgraden in Decken zu wickeln, um sich zwischen Durchgängen zu sonnen, ganz so, als wollten sie sagen: Schaut her, sächsische Freunde – Sprungkraft aus Natur pur!
Die Psychologie, davor eher Tabuthema, hielt Einzug in den Sport. Hinter allem stand Baldur Preiml, der Innovationsgeist, der die Springerwelt aus veralteten Angeln hob. Und noch weiter dahinter stand ein gewisser Oscar Schellbach, deutscher Gründer des Mental-Positivismus, verbunden mit psychoregulativem Training, das dazu dient, schlummernde Kräfte zu wecken, brachliegendes Potenzial auszuschöpfen. Ganz neue Perspektiven, mit denen die jungen Springertalente da konfrontiert wurden. Wie

Der Vater des österreichischen Springerwunders: Baldur Preiml am Bergisel, Vierschanzentournee 1975/76.

Nachfolgende Doppelseite: Ein Sprung mit Höchstnoten: Stilist Toni Innauer lässt auf der Normalschanze in Lake Placid 1980 seinen Konkurrenten keine Chance.

Sprung- und Krafttraining, so gehörten auf einmal mentale Techniken zum Übungsprogramm, um mit dem Körper auch den Geist zu stärken. Und sich schon damit psychologische Vorteile zu verschaffen. Wie die Geschichte lehrt, ein Volltreffer. Zumindest damals.

„Anfangs", gesteht Toni Innauer, der ein bis zwei Jahre nach Schnabl und Pürstl nach Stams gekommen war, „anfangs haben wir das noch belächelt. Mit einer Spezialistin für Atemtechniken waren wir schon konfrontiert. Aber erstmals wurde psychoregulativ gearbeitet, nicht alles dem Zufall

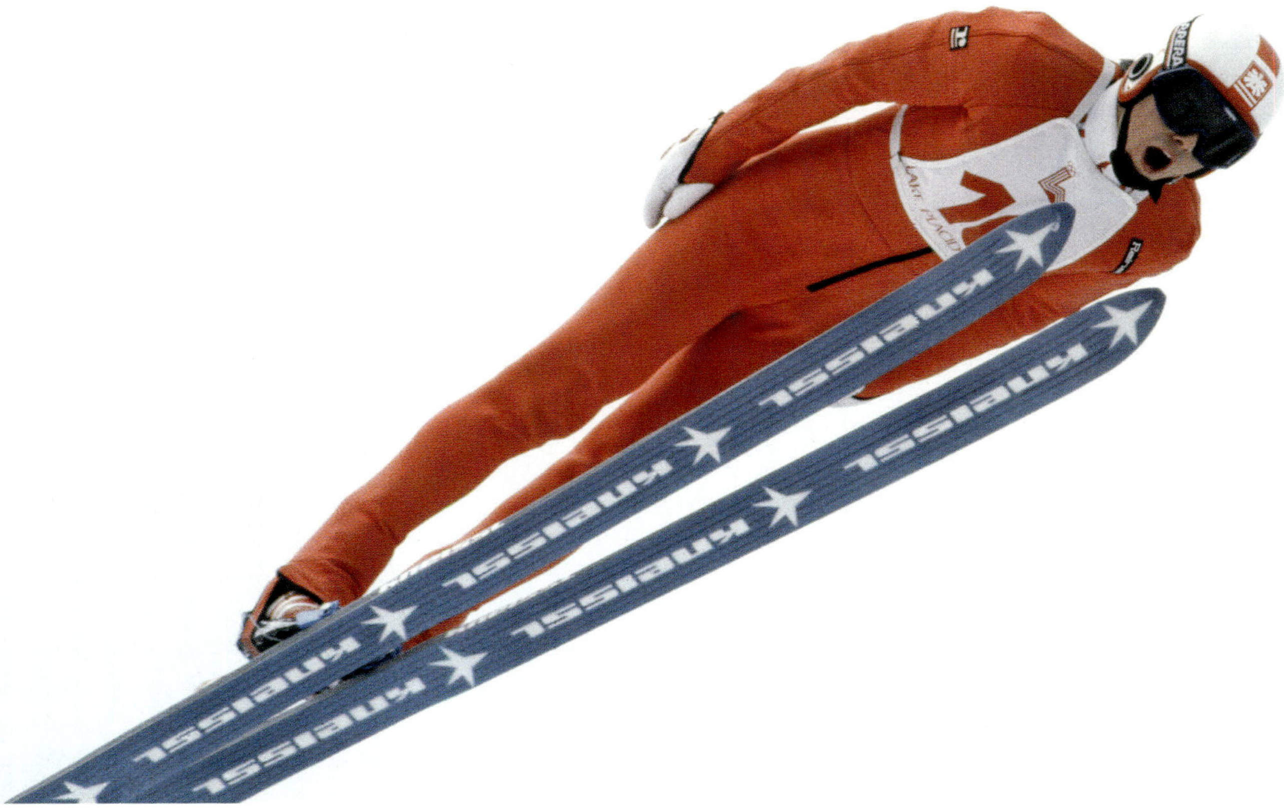

Ein erfolgreiches Duo: Hubert Neuper gewinnt in Lake Placid auf der Großschanze die Silbermedaille.

überlassen, es gab klare Zielsetzungen, positives Denken." Das half Toni auch, nach dem Kapitalsturz von Oberstdorf und fünf Tagen im Spital schon am Bergisel wieder dabei zu sein, obschon nur als Zuschauer, der es kaum erwarten konnte, wieder auf die Sprünge zu kommen. Und den Tournee-Helden aus der eigenen Truppe erfolgreich, siehe Holmenkollen, den Kampf anzusagen.

Preiml hatte erkannt, dass nicht nur im Menschen, sondern auch im Material, erst recht bei den Nordischen, die weit hinter den Alpinen herhinkten, große Reserven steckten. Den Zeitzünder zur Leistungsexplosion hatte er lange davor gelegt, von „Skihosenpapst" Sepp Reinalter neue, luftdurchlässige Anzüge schneidern, bis dato unbekannte Stützschuhe basteln lassen und auch bei Ski-Firmen angeklopft. Aber da war er zunächst abgeblitzt, bis er bei Fischer in Ried auf offene Ohren stieß. Bei Renningenieur und Entwicklungschef Hans Stroi, der überzeugt war, revolutionäre Sprungski bauen zu können, die überlegen wären. Und die, anders und weit mehr als auf Pisten, in Knallorange mit Fischer-Logo am Belag, in der Luft ins (Fernseh-)Aug springen. Nicht nur sportlicher Hit, sondern auch Marketinginstrument, das den Aufwand trotz geringer

Armin Kogler, 1982 in Oslo Weltmeister auf der Normalschanze, ist Österreichs große Hoffnung bei den Olympischen Spielen 1984 in Sarajevo. Er belegt auf der Großschanze den sechsten Platz.

Stückzahl und fehlendem Absatzmarkt rechtfertigen würde. Der nächste Volltreffer, der die Gegnerschaft wie ein Keulenschlag traf. Das Risiko, das man in Ried einging, machte sich bezahlt. Wenig später zog Kneissl nach. Konkurrenz belebte das Geschäft.

Mit dem ersten Tagessieg seit 11 Jahren (Preiml, Bischofshofen) und dem ersten Tournee-Gesamtsieg seit 22 Jahren (Bubi Bradl 1953) hatte Pürstl zwar Geschichte geschrieben, aber sie ging auch über ihn hinweg. Als alle anderen punkto Ski, Schuh, Trainingsmethoden nachgezogen hatten, blieben Toni Innauer und Karl „Charly" Schnabl als Überflieger und Siegspringer über, die getrennt marschierten, aber vereint schlugen im Duell mit Erzfeind DDR. Nicht geplant, wie Innauer betont, „sondern zufällig, weil sich zwei absolute Größen aus dem eigenen Team gegenseitig ständig aufgeschaukelt haben". Nach der Geburt der Adler folgte also die Geburtsstunde von Österreicher-Duellen im Duett, die sich über Generationen fortsetzten – Kogler/Neuper, Felder/Vettori, Goldberger/Rathmayr, Widhölzl/Höllwarth, Morgenstern/Schlierenzauer bzw. Loitzl/Kofler. Eine Gesetzmäßigkeit wie in der Physik. Auf Aktion folgt Reaktion.

Das Podium nach dem Springen auf der Normalschanze bei der WM 1985 in Seefeld: Andreas Felder (Silber), Jens Weißflog (Gold) und Per Bergerud (Bronze).

Die damalige interne Rivalität zwischen den Höhenfliegern Toni und Charly, von Ehrgeiz, aber auch Egozentrik geprägt, eskalierte bei Olympia 1976 auf der Großschanze am Bergisel, wo sich Innauer, 17 Jahre alt und zur Halbzeit noch um Längen voraus, gegen Schnabl, 19 Jahre alt, um Gold betrogen fühlte. Der Trotzkopf in ihm begehrte auf, er heulte Rotz und Wasser, am liebsten wäre er gar nicht als „Silberling“ aufs Podest gestiegen, weil er sich als wahre Nr. 1 wähnte, dem die Jury, aus welchen Gründen auch immer, verwehrt hatte, den Vorschusslorbeeren gerecht zu werden. Das Verhältnis der beiden ist damals zerbrochen. Oder, wie Innauer nach mehr als drei Jahrzehnten im Rückblick gesteht: „Es war von emotionaler Kälte geprägt.“ Erst sein Weltrekord (176 m) und sein historischer Flug mit Bilderbuch-Telemark auf 168 m, für den er von allen fünf Kampfrichtern die Traumnote 20 erhielt, „ließen Innsbruck verblassen“. Fürs Wunderkind, das blaue Olympia-Wunder erlebt hatte, Balsam auf die Wunden einer Saison der Unvollendeten: drei Tagessiege, aber der Tournee-Sieg in Innsbruck vom Winde verweht, Gold durch die Finger gerutscht …

Jubel nach dem Mannschaftsspringen: Andreas Felder, Armin Kogler, Ernst Vettori und Günther Stranner holen in Seefeld 1985 hinter Finnland die Silbermedaille.

Toni war selbst nicht dabei, als am 8. März 1976 auf seine Fabelflüge in der Oberstdorfer Wirtschaft „Zum Schmied" des gebürtigen Bischofshofners Tscherne angestoßen wurde – darunter auch noch vom legendären Bubi Bradl, dabei friedlich vereint mit Fortschrittsgeist Preiml, der ihm, dem knorrigen Älpler, sonst oft suspekt gewesen war. Und Bradl, der Meilensteine gesetzt hatte, geriet ob des neuen Wunderknaben ins Schwärmen. Keine Anekdote, sondern Fakt, dass Bubi über Innauer sagte: „So, wie der springt, werden's neue Not'n erfind'n müssen!" Nur eines störte Bradl, nur noch mit Haarrändern gesegnet, am sonst so makellosen Toni: „Die langen Federn sind furchtbar – die Zotten gehören weg!" Heute, da Innauer selbst fast alle Haare gelassen hat, sagt er mit Selbstironie: „Inzwischen hätt' ich mich dem Bradl ja schon angenähert …"

Die Turbulenzen, die den ÖSV-Adlern danach oft die Flügel stutzten, wurden auch von Skandalen, Dramen und Tragikomödien begleitet. Eine von Letzteren drehte sich um einen DDR-Kombinierer, den Amors Pfeil in Gestalt einer jungen Steirerin so sehr getroffen hatte, dass er bei Nacht

P.S.K.
NOKIA
AUSTRIA
ATOMIC

und Nebel über die (Todes)Mauer nach Österreich getürmt war: Claus Tuchscherer aus Klingenthal. Was damals nicht alles gerätselt, gemunkelt, vermutet und Preiml ins Ohr geflüstert wurde! Echte Love-Story? Getürkte Liebesaffäre, inszeniert vom DDR-System? Spion, der aus der Kälte kam, um sich im Adlerhorst einzunisten? Geheimnisträger, der als eingebürgerter, gemusterter Springersoldat versuchen sollte, das Heer auszukundschaften? Die Liebe ist längst verflogen, trotz einiger Kinder, die ihr entsprangen, so passé wie die DDR, aber Claus immer noch in Innsbruck, Angestellter der Stadt, früher Platzwart am Tivoli bei Wacker, jetzt im Sozialamt tätig. Heute lacht man über die Gerüchteküche, die einst brodelte. Damals aber, bei der WM 1978 in Lahti, als Tuchscherer in Hochform und Preimls Trumpf gewesen wäre, verging Claus das Lachen. Als er nach Bestweite im Probesprung zum Höhenflug ansetzen wollte, da blieb vor Schreck allen an der Schanze und vor den TV-Schirmen der Mund offen: Tuchscherer verlor plötzlich einen Ski, segelte als Mono-Skier weiter durch die Luft, setzte einbeinig auf, rollte akrobatisch ab und blieb

Nordische Ski-WM 1991 in Predazzo, Val di Fiemme: Stefan Horngacher, Heinz Kuttin, Ernst Vettori und Andreas Felder triumphieren im Teambewerb.

Linke Seite: Erfolgsgarant: Andreas Felder auf der Großschanze in Predazzo.

Gold auf der Großschanze in Albertville 1992: Olympiasieger Ernst Vettori.

Rechte Seite: Ernst Vettori beim Springen der Vierschanzentournee in Bischofshofen, 1993.

unverletzt. Artistisch. Zirkusreif. Phänomenal. Alles verloren, Respekt gewonnen als tragischer WM-Held. Auslöser des Dramas, das schlimm hätte enden können, war ein Teufel im Detail gewesen, der sich als wahrer Treppenwitz entpuppte – Innauer: „Der alte Germina-Schuh aus der DDR hat sich aus der österreichischen Bindung gelöst ..." Bruchlandung verhindert, Karriere zerbrochen. Nicht die Einzige, die damals in Lahti endete, das Ende der anderen war allerdings schmerzhafter: Karl Schnabl brach sich im Auslauf beim Training nicht nur den Knöchel. Aus. Vorbei. Neuer Start als Mediziner, der es später wie auf den Schanzen zu höchsten Ehren brachte – als Primar.

Lahti, der Schicksalsort, hatte sich noch ein drittes ÖSV-Opfer ausgesucht: Alois Lipburger, den „Luis" oder „Lipus", wie sie ihn nannten. Er flog selbst den Finnen auf der Großschanze davon, scheiterte aber an finnischen Weiten-Messern und einem Kampfrichter aus – Österreich, der dabei bewusst oder unbewusst mitgespielt hatte! Unglaublich, aber wahr. Damals, als noch mit freiem Auge über den Daumen mit Tafeln gemessen wurde, ließ sich von Chauvinisten noch herrlich mogeln. Ein Meter auf oder ab, das konnte entscheiden. Und halber Punkt auf oder ab ebenso. Beides auf Kosten von Lipburger, um 0,3 Punkte von Tapio Räisänen (der später nichts mehr gewann) um Gold beraubt. „Die eigenen Landsleute geben halt ein paar Meter mehr", konstatierte ZDF-Sprungexperte Bruno

INTER
SPORT
55
erbacher
erbacher

Bergisel 1991: Alexander Pointner kämpft um Weltcuppunkte.

Morawetz, berühmt für seinen Olympia-Lake-Placid-Sager: „Wo ist Behle?" Vom moralischen Sieg konnte sich Lipus nichts kaufen. Der Skandal aber wurde zur Initialzündung, um die elektronische Weiten-Messung zu entwickeln. 1981 war's so weit. Drei Jahre zu spät für Lipburger.

Der Andelsbucher blieb, wie Innauer, sein Busenfreund aus Bezau, wie Willi Dungl, Physiotherapeut, Seelenmasseur, Diät-Guru und sogar Schneiderlein, das die Froschmann-Kapuzen (1976) genäht hatte, wichtigstes Bindeglied zwischen erster und zweiter Adler-Generation. Sie hatte übrigens schon bei Olympia 1976 in den Startlöchern gescharrt. Unter den Vorspringern befanden sich zwei Teenager, die eher Mitleid erregten. Einer, weil er „net amol bis zum Vorbau" gesprungen, „schon bei den fünf Ringen" gelandet war. Dieser unerschrockene 15-Jährige hieß Hubert „Hupo" Neuper, Bub aus Bad Mitterndorf, der nach Stams geholt worden war „zur Systemerhaltung, weil's zu wenig g'habt haben dort". Der andere war Armin Kogler, 16, Tiroler aus Vomp, der eine Lehre gegen die Handelsschule Stams getauscht hatte. „Kogsi", wie sie ihn riefen, hatte zu viel gewagt und einen kapitalen Köpfler gebaut, der seine Schulter zerfetzte. Als olympischer Statist stand, nein: lag er plötzlich auf einer Tragbahre im Mittelpunkt. Abertausende litten mit dem Sturzopfer mit. „Der Kogsi war a arme Sau", erinnert sich Neuper an diese Szene, aber ebenso an die Stimmung am Bergisel, die ihn übermannte. „60.000 Leut', a Wahnsinn – da hab' ich g'wusst, Hupo, das ist dein Leben!" Sturz hin, Kurz-Flug her, für beide galt die Devise: Was mich nicht umwirft, macht mich noch stärker …

Sie waren dicke Freunde, die beiden, sind sie heute noch, aber im Wettkampf hörte sich Freundschaft auf. „Er hat mich, ich hab ihn putzen wollen. Wenn er sechs Kniebeugen g'macht hat mit G'wichten, hab ich mir g'sagt: hey, dann mach ich sieben – so war unsere Einstellung!" Verbunden mit „perfektem Training, schulischer Ausbildung und großer Disziplin". Dazu waren die „jungen Hupfer" auch zu Testpiloten verdammt, auch abseits von Wettkämpfen als „Vorspringer", die Neues ausprobieren sollten. Preiml, Vordenker und Adler-Lenker, war stets Revolutionärem auf der Spur. Neue Bindungen, Schuhe, Ski, „sogar Flossenski hat's 'geben. Und einmal ganz schwere aus Blei, da hast glaubt, du hast 100 kg an den Füßen … schon zum Überlegen, ob'sd das machst." *His Masters Voice* aber ward Befehl für beide. Und sie mussten es nie bereuen. Koglers Sternstunde schlug früher als jene Neupers – mit dem kometenhaften Aufstieg zum Skiflugweltmeister 1979 in Planica. „Wow, a Goldene, das hat mich richtig aufgestachelt!" Aktion, Reaktion. Probates Erfolgsgesetz.

Es war die Zeit, da Toni Innauer, der als Schanzen-Nonplusultra gegolten

Gut gelaunt: Andi Goldberger nach seinem zweiten Sprung in Bischofshofen, Vierschanzentournee 2003/04.

hatte, im Clinch mit sich und meist Schatten seiner selbst schien, bis er, als würde es sich für einen wie ihn gehören, trotzdem wieder Geschichte schrieb. Er war Geburtshelfer des Weltcups als erster Sieger – Dezember 1979, Cortina! Kurz danach riss er sich bei einem Stolperer im Waldlauf ein Band im Knöchel. Olympia, ade? Kaum fit, kam Toni nicht und nicht auf die Sprünge, blieb aber für Preiml das größte Ass im Ärmel für Lake Placid, Motto: Kommt Zeit, kommt Rat. Aber Innauer, Grübler wie Baldi, verstrickte sich auf der Olympia-Normalschanze selbst immer mehr in der Krise, baute „eine Kraxn nach der anderen", was Preiml dazu zwang, das verunsicherte Megatalent in eine Qualifikation mit dem Kärntner Millonig zu schicken, schon aus Gründen der Gerechtigkeit.

Bischofshofen 1995: Heinz Kuttin, der Doppelweltmeister von Predazzo 1991, Val di Fiemme.

Unsereins, der Chronist, legte in Gesprächen mit Toni nach, kitzelte seinen Ehrgeiz, spornte ihn an: „Das gibt's doch nicht, du bist ja der Beste der Welt, zeig's endlich!" Frische Aggression sprengte den alten Frustgürtel, der ihn eingeengt hatte. Über Nacht war Innauer der alte, sprang so, als wäre er nie im Tief gewesen. Die Quali – ein Kinderspiel. Der Olympiasieg – eine einzigartige One-Man-Show. Fünf Meter weiter als zwei Zweitplatzierte (Yagi, Japan/Deckert, DDR), 17.1 Punkte Vorsprung, eine Ewigkeit. Auf dem Weg zur Sieger-Pressekonferenz in einem Zelt neben der Schanze klopfte mir Toni auf die Schulter und sagte: „Josef, auch du hast mich zum Olympiasieger gemacht!" Bewältigte Vergangenheit, quitt mit Innsbruck, eins mit sich. „Dabei wär' die Goldene am Bergisel leichter g'wesen – aber unvergesslich, dass ich mich am gleichen Tag wie die Annemarie (Moser-Pröll) mit Olympia versöhnt hab'." Die Unvollendete fand doch noch ihr Happy End. Zweites Gold, auf der Großschanze in Griffweite, verhinderte der Wind, der bei anderen blies, bei ihm aber stillstand. Halb so schlimm. Statt die Blechtrommel zu rühren, feierte er mit Baldi und Co die Silberne von Hupo Neuper. *Mission completed.* Bei Preiml als Cheftrainer. Bei Innauer als Schanzenheld. Sein Springerkapitel war gekrönt. Und so gut wie geschlossen.

Aber noch nicht ganz. In den frühen Achtzigern des vorigen Jahrhunderts, in denen es ein Erfolgs-Pingpong zwischen den Höhenfliegern Kogler (Skiflugweltrekordler, Weltmeister 1982) und Neuper (zweifacher Tourneesieger 1981/82) gab, arbeitete Sportstudent Innauer in Innsbruck schon an seiner zweiten Karriere als Lehrer und Trainer, ganz nach dem Vorbild Preimls, auf dessen Spuren er später wandeln sollte. Als Olympiasieger, der (bis 1980) auch Weltmeister war, galt Toni als Titelverteidiger bei der WM 1982 in Oslo und hatte dadurch einen Fix-Startplatz. Er ließ ihn nicht verfallen, sondern nützte ihn, um als Versuchskaninchen seiner selbst Erfahrungen für die Zukunft zu sammeln. Fast zwei Jahre lang waren Schanzen für ihn tabu gewesen, ehe er sich zum Kurz-Comeback entschloss und dafür in Seefeld einige Probehupfer machte. Dann hieß es: Ab nach Oslo.

Spiel mit dem Risiko? Wagnis, den Ruf zu ruinieren? Mitnichten! Alles aus Kalkül, „um zu sehen, was das ausmacht, wenn du 20, andere aber hunderte Sprünge intus haben. Wenn du direkt involviert bist, wirst leicht betriebsblind, machst viele Blödheiten." Mit Maximum an Talent, aber Minimum an Aufwand reihte sich Toni auf Platz 28 ein, blieb aber mit 77 und 81 m nur sieben Meter hinter Kogler, dem Golden Boy (82/83 m). Er erkannte, dass weniger mitunter mehr bedeutet, wenn man's richtig anpackt. Eine wichtige Erkenntnis für Innauer, der 1989 als Cheftrainer die Adler im Tiefflug auffing. Nicht zuletzt deshalb, weil er, einer der größten Stilisten und Ästheten, im Gegensatz zu Traditionalisten den neuen V-Stil des Schweden Boklöv, vorher Nachzügler, dann Weltcupsieger, als aerodynamische Wunderwaffe erkannt hatte.

Kogler und Neuper, die nach der Olympia-Pleite 1984 und der WM in Seefeld 1985 den Sprung von Überfliegern zu Jet-Piloten wagten, hatten eine Lücke hinterlassen, die in den Glanzzeiten eines Matti Nykänen und Jens Weißflog die nächsten Wunderknaben nicht so schnell füllen konnten. Ernst Vettori, schon in Sarajevo dabei, und Andreas Felder, die späteren Erfolgszwillinge aus Absam, dem Horst des Vettori-Clans, waren noch nicht reif genug. Und viel hätte nicht gefehlt, dass Ernst, 16, damals das Handtuch geworfen hätte, wäre da nicht Hupo gewesen, der ihn auf seiner „Abschiedstour in Japan" eines Besseren belehrte. „I hör auf, es hat keinen Sinn", jammerte der frustrierte Ernstl, der gedacht hatte, er würde die Großen so verblasen wie die Junioren bei der WM. Neuper redete ihm nicht nur gut zu, er las ihm auch die

Reisestrapazen: Andi Goldberger am Weg zur nächsten Station im Springerzirkus.

Rechte Seite: Glücksmoment: Andi Goldberger jubelt über seinen neuen Weltrekord im Skifliegen von 225 Metern, aufgestellt während des Teambewerbs am 18. März 2000 in Planica.

Leviten. „Bist verrückt, du hast ja nicht einmal noch g'scheit ang'fangen!" Was sich daraus entwickelt hat, steht in den Annalen. Bei Vettori wie bei Felder, die gemeinsam flügge geworden waren, zu zweit ab 1985 unter der Regie des früheren Stams-Chefs Paul Ganzenhuber die Fahnen Österreichs hochgehalten und dann, als sie zwei Jahre in ein Loch gefallen waren, den Quantensprung vom Parallel- zum V-Stil gepackt hatten. Vordem hatte Vettori zweimal die Tournee und WM-Bronze (1987) gewonnen, danach wurde er Mannschaftsweltmeister und Olympiasieger 1992 in Albertville. Felder begann mit WM-Silber 1985 (Seefeld), flog 1986 zu WM-Titel und Weltrekord (183 m/Kulm), holte Gold (Oberstdorf 1987) und legte dann unter Innauer als Weltcupsieger, Weltrekordler, Teamweltmeister und Olympiazweiter nach. Zu zweit errangen sie 40 Weltcupsiege,

Telekom
2

Ein verwegener Flieger: Andi Goldberger im ersten Durchgang des Springens in Bischofshofen, 2003.

standen ca. 250-mal auf dem Podest. Mit Heinz Kuttin, dem langen Kärntner, der 1991 (Val di Fiemme, Italien) Doppelweltmeister wurde, bildeten sie ein Trio triumphal. Einst war Vettori Innauers Schützling, jetzt ist er sein Nachfolger als Nordischer Chef.

Ja, das V, einst belächelt, inzwischen nicht wegzudenken, hatte sich als Victory-Symbol etabliert. Innauer hatte es geahnt, war aber, vor allem bei Felder, anfangs auf Widerstand gestoßen, dessen erste V-Tests für Versager standen. Aber Toni blieb stur. koste es, was es wolle, auch um den Preis, in der Entwicklungs- und Umstellungsphase ins Kreuzfeuer der Kritiker zu gelangen. „Wir waren“, erinnert er sich heute, „anfangs beim Sommer-Grand-Prix auf der Matte eine absolute Lachnummer!“ Aber wer zuletzt lacht, lacht am besten. Rot-Weiß-Rot war Trumpf bei Olympia 1992 mit einmal Gold und fünf von acht möglichen Medaillen. Trotzdem hatte der kleine Finne Nieminen (2 x Gold. 1 Bronze) hineingepfuscht. Innauer: „Als wir hinten nachgesprungen sind, hat er daheim berichtet, dass wir alle V springen, es aber nicht können. Die haben ihn sofort umgestellt, er war dafür prädestiniert.“ Als Frühreifer war er davongeflogen – den späteren Absturz konnte er nicht bremsen. Zu viel Promille ruinierten das hochprozentige Talent. Wie bei Nykänen.

Im ÖOC-Haus zu Brides les Bains unterhalb der Schanzen von Courchevel herrschte Festtagstimmung. Im Feiern ganz vorn dabei eine kleine, schelmische Randfigur, nur eiserne Reserve, weil ihn Martin Höllwarth verdrängt hatte: Andreas Goldberger. Bei Olympia war der Bauernbub aus Waldzell (OÖ) noch fünftes Rad am Wagen gewesen, aber mit von der Partie – im Gegensatz zu Werner Rathmayr, dem anderen Jungstar, der heimgeschickt worden war. Rathmayr schlug zurück, er schien mit Goldi das neue Traum-Duo zu bilden, das aber bei der WM 1993 in Falun nicht schlag-, aber sturzartig zerrissen wurde. Vom Salto, den er dort schlug, erholte sich Rathmayr nicht mehr. Nach einem schweren Unfall beim Bungee-Jumping, der ihn fast ein Bein gekostet hätte, war endgültig Schluss. Goldberger war inzwischen schon lange Mohikaner an der Spitze.

Ein Solo-Pagat als Siegspringer und Sonnyboy, Tournee-Gewinner (2-mal), Medaillenlieferant (2-mal Bronze 1994), verhinderter 200-m-Mann (Sturz) in Planica, Zuschauermagnet am Kulm, wo er vor 60.000 Fans und HBP Klestil bei der erstmals vom Neo-Event-Guru Neuper organisierten

Trockentraining: Andi Goldberger und ÖSV-Springertrainer Mika Kojonkoski während der Vorbereitung für das dritte Springen der Vierschanzentournee in Innsbruck, 2. Jänner 1999.

Typische Handbewegung: Martin Höllwarth vor einem Trainingssprung am Bergisel, 2. Jänner 2005.

Skiflug-WM 1996 zu Gold und Gunst segelte. Einfach goldig, unser Goldi. Spitzbübisch, Kind im Manne, dessen Rituale am Anlaufturm zum unverwechselbaren Markenzeichen wurden: Achselzucken, Helm richten, noch schnell zwei-, dreimal über die Nase fahren, als hätte er den Flugrausch inhaliert, ab die Post!

Sie ging auch ab, allerdings 1997 in die falsche Richtung. Im P1, einer Wiener Szene-Disco, ereilte ihn sein Schicksal, das Österreich über Monate hinweg in Atem hielt. Goldi, der blonde, war über Nacht zum gefallenen Engel geworden, entlarvt als Drogensünder, der zugab, im P1 „gekokst" zu haben. „Einmal, nicht öfter", wie er treuherzig, Tränen in den Augen, im Fernsehen beteuerte. Die Nation war gespalten, die Emotionen wurden hochgeschaukelt, es gab Pro und Kontra im Volk, einen Kleinkrieg am Boulevard, hitzige Diskussionen im TV zwischen Fürsprechern und Scharfmachern, kein Pardon aber vom Skiverband, der ihn ein halbes Jahr suspendierte – im Sommer!

Hereinspaziert, hereinspaziert in den Komödienstadel, der selbst das Ausland belustigte. Goldis Reaktion? Weg aus Österreich, Absprung nach Serbien! Ins Land der Balkankrieger, das auch noch! Unglaublich, ein Bulle sieht rot, fürwahr! Sogar die neue Staatsbürgerschaft hatte er sich organisiert, um für Ex-Jugoslawien zu starten. Unser aller Goldi als Landesverräter? Kann sein, was nicht sein darf? Heißes Eisen, das nie geschmiedet wurde. Letztlich blieb's beim Theaterdonner, der so schnell verhallte, wie es gewettert hatte. Viel Lärm um nichts. Der fast verlorene Sohn kehrte, wenn auch anfangs mit eigenem Trainer (Heinz Koch), zurück in den ÖSV-Schoß. Der geläuterte Goldberger, Solist im Team, kam aber nur noch selten an den alten, Pardon: jungen Goldi heran. Das einstige Maß aller Dinge wurde austauschbares Füllmaterial.

Alles in einer Phase schwindender Erfolge, die Innauer, inzwischen Boss aller Nordischen, dazu bewog, mit einem ungeschriebenen Gesetz zu brechen. Statt heimischer Jungtrainer, die in den Kinderschuhen steckten, wurde mit dem Finnen Mika Kojonkoski erstmals ein Ausländer als Springerchef engagiert. Der Hintergedanke lag auf der Hand: Disziplin statt Freunderlwirtschaft, neue Methoden statt ausgelatschter Pfade, sich vom Gegner die Erfolgsrezepte zu holen, wie man's früher bei uns tat, unter Mikas Regie den Jungtrainern die Chance zu geben, sich in aller Ruhe zu entwickeln, um das Kommando zu übernehmen, wenn die Zeit reif ist.

1999 ging Kojonkoski, der Andi Widhölzl zum Top-Springer geformt hatte, aber nie so richtig den Draht zum Team gefunden, nie über WM- und Olympia-Bronze hinausgekommen war. Jetzt war's so weit, sein Amt übernahm der alte Innauer-Kumpel Lipburger, der inzwischen im Ausland

Der entscheidende Moment des Absprungs: Andreas Widhölzl bei einem Trainingsversuch am Bergisel, 3. Jänner 2006.

wie beim ÖSV-Nachwuchs, auch in Stams, viel Erfahrung gesammelt hatte. Lipburger kam, sah, siegte – Widhölzl gewann die Millenniums-Vierschanzen-Tournee! In der folgenden Saison, einer WM-Saison, lief's weniger gut, Kritik wurde schon laut, aber sie verstummte jäh. Mitten in die alpine Ski-WM 2001 platzte die Horrormeldung, die alle erschütterte: Alois Lipburger tot, Opfer eines Autounfalls auf der Rückfahrt vom Willingen-Weltcup nahe Füssen, fast schon daheim in Telfs. Als Beifahrer wie Andreas Widhölzl, der fast unverletzt geblieben war. Ebenso wie Martin Höllwarth, der den Wagen gelenkt hatte. Beide standen unter Schock. Wie die ganze Ski-Welt, nicht nur im Springerlager.

Innauer, der beste Freund, musste noch in der Nacht den schweren Weg antreten, um Lipburgers Frau die Schreckensnachricht zu überbringen, ihr Trost und Mut zuzusprechen. Toni kostete es große Überwindung, aber es war Pflicht wie Verpflichtung. „Im Moment", sagte er danach, „fehlt uns jede Kraft, aber wir müssen irgendwie wieder ins Leben finden. Und die Springer müssen bei der WM starten, es wäre im Sinne des Liss gewesen." Er selbst übernahm quasi als Nachlassverwalter das Zepter, um fortzuführen, was Lipburger begonnen hatte. Auch mit Höllwarth, dem

In der Anlaufspur: Andreas Widhölzl auf der Großschanze in Oberstdorf, 22. Februar 2005.

Todeslenker, der, vielen Vorwürfen ausgesetzt, mit den Nerven am Ende war. Toni, der Pädagoge und Psychologe mit Fingerspitzengefühl, richtete Martin und die Mannschaft wieder auf. Das WM-Resultat in Lahti sprach Bände. Zweimal Bronze, schließlich sogar Gold mit der Mannschaft auf der Normalschanze als Schlusspunkt – nicht zuletzt dank Höllwarth, der unter Strom stand, aber sprang, als wollte er dem toten Trainer die letzte Ehre erweisen. Triumph mit Trauerflor. Memento Mori am Podest.

Rot-Weiß-Rot hatte sich aus dem Tal der Tränen wieder aufgeschwungen, aber der Weg der Trainer-Selbstversorgung, so sorgfältig geplant, war wieder abgeschnitten. Zurück in die Zukunft, so hieß die Devise. Innauer, den die Doppelrolle als Chef und Interims-Coach überforderte, holte wieder einen Finnen, der aber überall daheim war, den einstigen Nykänen-Entdecker Hannu Lepistö, einen Meister seines Fachs. Nicht ohne Murren, weil Alexander Pointner, vordem schon Assistent, auf den Job gehofft hatte. Stattdessen fand sich „Pointex", wie ihn alle nennen, als Trainer der Nachwuchsgruppe wieder. Abstieg? Mitnichten! Ein Glücksgriff von Innauer, dem geborenen „Goldschmied", weil Alex da schon die nächsten Himmelsstürmer in die Hände bekam, einen Morgenstern, Kofler und andere, mit denen er sich weiterentwickeln, die er selbst formen, denen er

den ihm so wichtigen Teamgeist vermitteln konnte: Einer für alle, alle für einen, geteilte Freud', geteiltes Leid. Als man sich 2004 von Lepistö trennte, schlug Pointners Stunde.
Aber wäre nicht Innauer gewesen, der Mann mit Weit- und Durchblick, ein Goldschmied in allen Lagen und Phasen, wer weiß? Toni hielt die schützende Hand über ihn, als er vor und bei Olympia 2006 nach dem mittleren Absturz auf der Normalschanze immer mehr in die Schusslinie der Kritik(er) geraten war, auch aus den Reihen des Verbandes, wo manche schon die Messer gewetzt hatten. „Ich hab' immer gewusst, was er drauf hat, ich hab' nie an ihm gezweifelt, schon gar nicht in Turin. Er hat tolle Arbeit geleistet, wir waren nur Opfer des Winds, keiner Fehlplanung." In der Tat. Katzenjammer schlug um in Euphorie, aus dem Prügelknaben schlüpfte ein Trainerheld, auf den nach zwei Goldenen (Morgenstern, Mannschaft) und einer Silbernen (Kofler), die nur ein Zehntel vom dritten Gold getrennt hatte, wahre Loblieder gesungen wurden.
Ja, so schnell kann's gehen, kann die Welt auf den Kopf gestellt sein. Inzwischen steht Pointex außer Diskussion, inzwischen hat er mehr Gold gewonnen als jeder Trainer davor und als stiller, lange unterschätzter Außenseiter alle Vorurteile widerlegt. Triumph des heimischen Trainerwegs, in dem sich Generationen mischen, mehrmals Abgeschriebene à la Wolfgang Loitzl oder Andi Kofler sich zu neuen Höhen aufschwingen konnten, ein Fixstern wie Morgenstern vom nächsten Überflieger, Gregor Schlierenzauer, verdrängt wurde, dem Jung-Twen, der als Jugendkicker einst Tore am Fließband geschossen hatte, mittlerweile aber von Sieg zu Sieg, von Superlativ zu Superlativ, von Rekord zu Rekord springt und fliegt, erblich belastet mit dem Sieger-„Gen" der Rodel-Legende Markus Prock, der sein Onkel ist.
Inzwischen ist's nicht nur ein Duo, das die Fahnen hochhält, sondern es gibt sozusagen Duette im Paarlauf, während neue Küken im Adlerhorst Stams und anderswo schon mit den Flügeln schlagen. Wie Lukas Müller, wie David Zauner, der Ex-Kombinierer, und andere, die man kaum beim Namen kennt. Was der Innovationsgeist eines Baldur Preiml einst aus dem Hut gezaubert hat, ist längst zum unendlichen goldenen Faden geworden. Die Revolution, die er auslöste, hat sich in Evolution verwandelt. Und die Tatsachen, mit denen er in den 1970er-Jahren die Springerwelt für immer verändert hat, hören sich heute an wie Anekdoten aus fast schon vergessenen Tagen.

Ein Meister seines Fachs: Hannu Lepistö aus Finnland, von 2002 bis 2004 ÖSV-Cheftrainer.

Immer wieder Neues

Josef Metzger
im Gespräch mit Baldur Preiml

Herr Professor Preiml, was waren Ihre Hintergedanken und Beweggründe, die 1974/75 zur Schanzenrevolution und Geburtsstunde der Adler führten? Sie selbst haben ja schon als Springer einst einen Lederhelm getragen.

Das ist eine lange Geschichte. Den Lederhelm hab ich von Willi Egger kopiert, der war beim Skifliegen schwer gestürzt, danach hat er den getragen, ich hab's übernommen. Das war die Zeit, da man sich alles selbst hat kaufen müssen, auch die Ski aus Norwegen – österreichische gab's gar nicht. Also hab ich versucht, dass wir Selbstversorger werden.

Wie schwer war es, die Fabrikanten zu überzeugen?

Ingenieur Hans Stroi von Fischer war begeistert, er war jung, ehrgeizig, wollte was bewegen Wir haben schon Anfang der 70er mit Innauer, Schnabl, Pürstl erste Tests gemacht. Auch beim Training am Hochkönig, da haben uns aber die DDRler noch hergeputzt. Aber Springer und Material haben sich weiter entwickelt. Und wir haben mit Fischer ausgemacht, dass die neuen orangenen Ski nur die Österreicher kriegen. Als wir gewonnen haben, als alle gesehen haben, welch gute Werbung das ist, hat Kneissl nachgezogen, aber er hat nicht uns, sondern die DDR ausgerüstet.

Aber es gab ja nicht nur neue Ski, sondern auch Innovationen bei Schuh und Anzug? Wie kam es dazu?

Wir haben damals in Stams schon an Stützen für Schuhe gearbeitet, der Öhlschläger und andere. Auf die Idee mit Sprunganzügen hat uns Sepp Reinalter gebracht, der Innsbrucker Schneider – wegen Nicola Spieß, der Abfahrerin, die mit plastifizierten Rennanzügen von Ender der Annemarie (Moser-Pröll) um die Ohren gefahren ist. Also haben wir's auch probiert, Toni (Innauer) war das Versuchskaninchen. Er war im Anlauf schneller, ist aber runtergefallen wie ein Stein, weil der Anzug luftundurchlässig war, es gab keinen Widerstand, also haben wir das Plastifizierte runtergerissen, der Edi (Federer) ist damit gesprungen, es hat ihn richtig aufgeblasen, wie in Zeitlupe, er hat viel weitere Sprüng' runtergeklopft. Binnen 14 Tagen haben wir für alle neue Anzüge schneidern lassen, auch in der Nacht. Damit hat der Willi Pürstl in Oberstorf gewonnen, Edi ist Sechster geworden – und Tournee-Zweiter. Charly hat Pech gehabt mit dem Regen in Oberstdorf, er wäre damals schon einer der Favorits gewesen.

Sie haben ja nicht nur am Material getüftelt, sondern auch am Menschen – mit der Schellbach-Methode, also psychoregulativem Training?

Schon beim legendären Professor Rösner hat's Vorträge gegeben, zum Beispiel von Pavel Schmidt, dem tschechischen Ruder-Olympiasieger, über autogenes Training, abgewandelt auf Sport. So hab auch ich mich mit Psychologie auseinandergesetzt, bin auf Schellbach gestoßen. Ich hab erkannt, dass dieses positive Denken so wichtig ist fürs Selbstvertrauen gerade für eine Sparte, die nicht so von einer Erfolgstradition gelebt hat wie die Alpinen. Damit haben wir uns weitere Vorteile verschafft auch im psychologischen Krieg mit der Konkurrenz aus der DDR. Und wir

Innovationsgeist mit Erfolg: Skisprungtrainer und Sportmotivator Baldur Preiml im Juni 2000 am Weißensee in Kärnten.

haben auch immer wieder Neues präsentiert, das meiste wurde von der Materialkommission, deren Vorsitz ja Ludwig Schröder aus der DDR geführt hat, abgelehnt.

Vor und bei Olympia 1976 bzw. 1980 haben Sie mit Willi Dungl, dem legendären Masseur, im innersten Kreis einen wichtigen Mitstreiter bekommen. Wie kam's dazu?

Unser Physiotherapeut hat aufgehört, in einem Gespräch mit Gunnar Prokop ist dann der Name Dungl gefallen, ich hab ihn nicht gekannt, er hat ihn mir aber als Heilkundler empfohlen. Mit ihm haben wir viel Neues probiert, auch Froschmann-Anzüge waren dabei, die wir in Seefeld getestet haben, die haben's uns verboten. Willi und seine Frau Gusti haben in Innsbruck 76 die Kapuzenhauben geschneidert, die waren so ähnlich.

Auch am Skimaterial wurde ja ständig gearbeitet – z. B. an einem „Flossenski"? Was war das genau?

Ja, vor Lake Placid, die waren 2,70 m lang von Kneissl, sie hatten ein weiches Ende, vor und hinten waren sie aufgebogen. Auf ihnen basierten die Ski, mit denen Kogler dann 1979 zum Weltmeistertitel im Skifliegen gesprungen ist – auch mit neuer Technik, mit dem Körper nach rechts versetzt, weil der Körper sonst im Parallelstil bremst, es war der Vorläufer des V-Stils. Wir haben auch anderes ausprobiert, auch schwere Ski wie Blei, wir sind auch in Trainingsanzügen gesprungen, also bei erschwerten Bedingungen.

Nach den Olympiasiegen von Schnabl und Innauer haben Sie sich aus dem Springerzirkus zurückgezogen, andere wie Paul Ganzenhuber, dann Toni Innauer haben Ihr Erbe angetreten …

Paul war in Stams, er war nie Springer, sondern Boxer, aber ein ganz exzellenter Skisprungtrainer, der viel weitergebracht hat, weil er auch sportpolitisch ein sehr guter Mann war. Und Toni war und ist eine Ausnahmeerscheinung, schon als Springer besaß er Zugwirkung und vor allem eine Motivation, die über Jahrzehnte angehalten hat, zuerst als Aktiver, der unbedingt Olympiasieger werden wollte, dann als Trainer, der immer versucht hat, das Maximum herauszuholen, auch und gerade nach Rückschlägen.
Als Chef hat Innauer mit der Tradition und einem Tabu gebrochen, erstmals Ausländer als Trainer geholt, eine wichtige, richtige Entscheidung?

Olympionike Baldur Preiml: beim Springen am Bergisel, Innsbruck 1964.

Ja, weil Inzucht zu Betriebsblindheit führt. Da bedarf es einer Ausholbewegung, um neuen Schwung zu holen, weiter zu werfen wie mit einem Diskus. Das ist dank Kojonkoski und Lepistö gelungen. Jetzt ist Pointner der große Zampano, obwohl ihm viele die fachliche Kompetenz abgesprochen haben. Aber er besitzt viele Vorzüge – und eine der Triebfedern ist es, mit seinen Sportlern zu erreichen, was er nie geschafft hat. Das war auch so bei mir, ich war auch nicht Olympiasieger, hab aber Olympiasieger geformt.

Sie haben alles revolutioniert, alles gewonnen, sind aber als oberster Sportbeamter (1987 bis 1991) gescheitert?

Selbst schuld, weil's ein Hirngespinst war, meine Stärke war am Mann und an der Front, nicht in vier Wänden unter Bürokraten, bei denen ich gegen Windmühlen gerannt bin. Als ich gegangen bin, hat man mir gesagt: Baldi, denkst nicht an deine Pension? Damals hat mich das nicht beschäftigt, heute frag ich mich, warum ich so schnell gegangen bin, ich würde sonst mehr kriegen als 1200 oder 1300 Euro im Monat. Dafür halte ich Referate und Seminare ab, um das aufzubessern.

Michael Roscher

Nordic Spirit

Verlässliches Team-Mitglied: Martin Koch.

Rechte Seite: Ausgelassener Jubel bei Wolfgang Loitzl, Andreas Kofler, Thomas Morgenstern und Gregor Schlierenzauer (von links nach rechts) in Whistler Mountain 2010: Im Teambewerb hat es doch noch mit der Goldmedaille geklappt.

Wir saßen im Café des Springerhotels in Oberstdorf. Der nordische Direktor Toni Innauer, Cheftrainer Alexander Pointner, der Pressesprecher der österreichischen Springer, Florian Kotlaba, unser ORF-Redakteur Christopher Ryan, Armin Kogler, einer unserer ORF-Experten, und ich. Wir sprachen uns aus, wie man so schön sagt. Es hatten sich ein paar Themen angesammelt, die auf den Tisch gehörten. Da ging es um Kleinigkeiten. Die einen störte dies und jenes, den anderen passte dies und das nicht in den Kram. Die Sache war schnell erledigt. Wir tranken Kaffee und gingen zu den logistischen Dingen über, die es für eine Übertragung der Vierschanzentournee zu besprechen gab. Wann sollte wer wo beim Interview sein, welcher Trainer stand für eine kurze Pausenanalyse zu Verfügung, wann konnte das Kamerateam mit den Springern einen „Dreh“ absolvieren, bei dem den Adlern ein paar Spezialaufgaben abverlangt wurden, und so weiter. Solche Zusammenkünfte sind zur Selbstverständlichkeit geworden. Wir vom Fernsehen wissen, dass wir nur begrenzt Zutritt in die interne Welt der Springer haben können, weil wir sonst den sensiblen Ablauf während einer nervlich und körperlich extrem anspruchsvollen Tournee zu sehr stören würden. Und die Springer wissen, dass sie möglichst konstruktiv bei den Fernsehübertragungen mitspielen sollten. Denn nach ihren Auftritten im TV richtet sich ihre Popularität und in weiterem Sinne auch ihr Werbewert.

Martin Koch setzte sich zu uns. Es war knapp nach 10 Uhr vormittags. Martin Koch ist das, was man allgemein als „Morgenmuffel“ bezeichnen kann. Er war während der Annäherung zu unserem Tisch in Badeschlapfen, Trainingshose, T-Shirt und roter Fleece-Jacke sichtlich damit ausgelastet, seine Kaffeetasse so auszubalancieren, dass der Inhalt dort blieb, wo er hingehörte. Armin Kogler lachte. „Ja, Mascht (Anm.: Spitzname von Martin Koch) – bischt a scho munter?“ Martin Koch quälte so etwas wie den Ansatz eines Lächelns über seine Lippen, warf seinem Onkel Armin einen halb belustigten, halb genervten Blick zu und riskierte da-

vancouver 2010
vancouver 2010
vancouver 2010
12 4

Familiär, locker und kameradschaftlich: Andi Kofler und Autor Michael Roscher warten auf ihren Flug.

mit, dass der Kaffee doch aus der Tasse spritzte. Das konnte er dann aber dank seiner Reaktionsfähigkeit gerade noch abwenden. Geschafft. Er saß bei uns am Tisch. „Morgen!" Martin Koch schaute in die Runde, als ob sein Wahrnehmungszentrum erst jetzt genügend freie Kapazität hätte, die anwesenden Herren zu identifizieren. „Jetzt zah an a bissl mit dein Kaffee, in 15 Minuten is' Turnsaal ang'sagt." Diese trocken schmunzelnd, aber durchaus ernst gemeinte Ansage seines Direktors ließ den Flieger unter den Springern nicht gerade in einen Freudentaumel verfallen. Er widmete sich wieder seinem Kaffee, um 10 Minuten später Richtung Turnsaal aufzubrechen.

In der Zwischenzeit waren auch schon Wolfgang Loitzl, Andi Kofler, Thomas Morgenstern und Gregor Schlierenzauer an unserem Tisch vorbeigekommen. Alle auf dem Weg vom Frühstück zum Turnsaal. Jeder Einzelne kam, um allen die Hand zu geben, und blieb zumindest für einen kurzen Smalltalk. Thomas Morgenstern mit irgendeinem flotten Spruch, gut gelaunt, Andi Kofler immer lachend übers ganze Gesicht, Wolfgang Loitzl, stets bereit, den Smalltalk auch thematisch zu vertiefen, und Gregor Schlierenzauer immer bemüht, seinen Allgemeinzustand, auf den wohl das legere „Wie geht's?" abzielt, als möglichst perfekt mit einem prägnanten „Alles bestens" zu beschreiben, wie auch immer er tatsächlich aussehen mag. Das alles klingt nicht nur sehr familiär, locker und kameradschaftlich, das ist es auch. Und das ist keine Selbstverständlichkeit.

Vor ein paar Jahren war ich beim – ich glaube, es war der letzte – Formel-1-Grand-Prix von Österreich in Spielberg als Reporter. Man hatte mich gewarnt. Wenn einer der Fahrer zu angesagten Terminen irgendwo im Paddock erschien, um Interviews zu geben, war das ein Gemetzel unter Kameramännern und Reportern. Mit einem Seil wurde die Reportermeute vom Fahrer abgetrennt, und irgendwie musste man es schaffen, sein Mikrofon aus der Masse sich drängelnder und schwitzender Kollegen, die einen zu zerquetschen drohten, in die Nähe der Nase des zu interviewenden Rennfahrers zu strecken. Daran, selbst eine Frage zu stellen, war für mich nicht zu denken. Es war mein erster und bisher auch einziger Auftritt in der Formel 1, die, rein renntechnisch gesehen, durchaus ihren Reiz hat. In jenem Paddock jedenfalls, also im Fahrerlager, konnten wir Reporter uns frei bewegen. Ich arbeitete gerade an einer Geschichte, zu der ich diverse O-Töne, also in Interviewform aufgenommene Aussagen verschiedener Fahrer, brauchte. Einige hatte ich schon. Als ich mit meinem

Immer für einen Spaß gut: Wolfgang Loitzl mit „Gatsch" Gerhard Hofer.

Herzlicher Kontakt mit den Fans: Gregor Schlierenzauer schreibt geduldig Autogramme.

Kamerateam durch das Fahrerlager ging, sah ich, dass uns niemand Geringerer als Michael Schumacher entgegenkam. Er konnte es nicht eilig haben und wirkte auch nicht so, als ob es der Fall wäre. Meine Chance! Ich sagte zu meinem Kameramann, er solle einfach die Kamera einschalten. Ich würde versuchen, ihn freundlich zu bitten, ob ich ihm eine Frage stellen dürfte. Mehr als dass er Nein sagte, konnte schließlich nicht passieren, dachte ich. Das war ein Irrtum. Eigentlich war es kein Irrtum, denn es konnte weniger passieren, als dass er Nein sagte. „Grüß Gott, Herr Schumacher …", begann ich mit wirklich dem freundlichsten Tonfall, den man sich vorstellen kann. „…" Der Rest war Staunen. So etwas war mir noch nie passiert, und ich hoffe inständig, es wird mir auch nie wieder passieren. Michael Schumacher würdigte mich nicht einmal eines Blickes. Er zuckte nicht mit der Augenbraue, hielt keine Sekunde inne, schaute nicht einmal, wer da versuchte, ihn anzusprechen, stolzierte einfach vorbei. So, als wäre ich Luft. Als wäre ich nicht existent, als wäre meine Stimme nicht zu hören gewesen, mein Körper unsichtbar. Es war eine Begegnung, die mich sehr nachdenklich gemacht hat. Ich war der Meinung, er wäre ein Rennfahrer, der seinen Job macht, und ich ein Reporter, der seinen Job macht. Und irgendwie hätten diese beiden Jobs einen Kreuzungspunkt gemeinsamer Interessen. Immerhin hätte er viele seiner Millionen nicht auf seinem Konto, gäbe es das Fernsehen nicht. Ich hätte keinen Job, gäbe es keinen Sport. Doch er schien das anders zu sehen. Er gab mir mit dieser ignoranten Reaktion das Gefühl, als wollte er mir zeigen, er wäre der große unantastbare Michael Schumacher und ich ein Wurm, den man nicht einmal wahrnehmen musste. Ich beruhigte meinen inneren Zorn mit der subjektiven Vermutung, dass er in seiner Rolle als weltbester Formel-1-Pilot jede zwischenmenschliche Interaktion von sich fernzuhalten versuchte. Meine Meinung über Michael Schumacher und dessen Charakter hatte ich jedenfalls in diesem Augenblick für mich gebildet.

Ich bin jetzt das 10. Jahr mit dem Skisprungzirkus unterwegs. Wochenende für Wochenende verbringe ich im Winter meine Zeit mit den besten Athleten der Welt ihres Faches. Aber noch nie hat mich jemand wie Luft behandelt. Das würde auch nie passieren, da bin ich mir sicher. Denn Skispringer habe ich bis jetzt nur als Menschen erlebt, die anderen Menschen mit Respekt begegnen. Ganz egal, ob sie jemanden das erste Mal zu Gesicht bekommen oder ihn Woche für Woche treffen. Davon gibt es sicher auch viele in der Formel 1, da bin ich mir ganz sicher!
Ein Paradebeispiel für respektvollen Umgang mit anderen ist für mich Andi Goldberger. Ich habe das unbeschreibliche Glück, diesen Menschen

FISCHER
FISCHER
OMV
reusch

etwas besser zu kennen. Nach seiner aktiven Karriere begann Andi Goldberger, den Fernsehzusehern des ORF völlig neue Einblicke in die Springerwelt zu geben, indem er mit Helm- oder Ski- oder Helm- und Skikamera die Schanzen herunterspringt und als Experte zu Verfügung steht. Die Geschichten, die er erzählen kann, sind andere als jene, die man von Armin Kogler gewohnt war. Armin ist ein herausragender Experte in Sachen Skispringen, der dank seiner rhetorischen Fähigkeiten diesen komplexen Sport so gut erklären kann, dass man ihn wirklich versteht. Dazu kommt eine Menge Sportphilosophie, die ich aus dem Mund einer Sportlegende immer ganz besonders interessant finde. Aber die Springerkollegen seiner Zeit waren eben Hubert Neuper, Jari Puikkonen oder Roger Ruud und nicht Gregor Schlierenzauer, Simon Ammann oder Janne Ahonen. Anders bei Andi Goldberger. Der ist mit Letzteren gesprungen, viele Jahre lang. Daher kann er auch viele interessante – andere – Sachen erzählen. Und deshalb finde ich auch, dass sich Armin Kogler und Andi Goldberger als abwechselnd auftretende Experten unglaublich gut ergänzen.
Und – Ja! – Sie haben richtig gelesen: Springer-„Kollegen“, nicht „Gegner“. Er ist „mit“ ihnen gesprungen, nicht „gegen“ sie. Das ist die Sprache der Skispringer. Aber darauf wollte ich eigentlich nicht hinaus. Ich wollte von Andi Goldberger erzählen und davon, wie ich ihn als Superstar seines Sports im Umgang mit anderen Menschen erlebt habe. Ich übertreibe nämlich nicht, wenn ich Andi Goldberger und Michael Schumacher in einem Atemzug nenne. Auch wenn einige Millionen Preisgeld die beiden Ausnahmesportler sportarten-bedingt unterscheiden. Aber ich habe erlebt, dass 50.000 fanatische Fans im polnischen Zakopane plötzlich genauso laut zu jubeln begannen, als sie Andi Goldberger bei einem Interview auf der Vidiwall sahen, wie beim polnischen Überspringer Adam Malysz, als er oben am Balken der Schanze saß. Ich habe auch erlebt, wie irgendwelche japanischen Menschen im japanischen Sapporo beim Anblick eines in Zivilgewand durch die Straßen spazierenden Andi Goldberger plötzlich ganz nervös wurden, Autogramme und Fotos mit dem Superstar aus Österreich wollten. Und das, obwohl ich mir denke, dass europäische Gesichter für Japaner einen ähnlich schwierigen Wiedererkennungswert haben müssen wie japanische Gesichter in Europa! Andi Goldberger kennt man, und man erkennt ihn vor allem. Überall, wo ich bis jetzt mit ihm unterwegs gewesen bin. Besonders natürlich in Österreich, Deutschland, der Schweiz, Finnland, Norwegen, Italien, aber eben auch in Ländern wie Japan, Kanada, Polen, Tschechien und so weiter. Nirgends hat dieser Mensch Ruhe. Nirgendwo kann er sich einfach irgendwo hinsetzen, um einen Kaffee zu trinken, ohne dass jemand

Ein bestens eingespieltes Team: ORF-Kommentator Michael Roscher und sein „Ko“ Andi Goldberger.

kommt und fragt: „Goldi?“, „Bist du's?“, „Darf ich ein Foto machen?“, „Bitte ein Autogramm!“ … Oder man fragt ihn einfach nach dem Wetter morgen, wer wohl den Bewerb gewinnen möge oder klopft ihm einfach auf die Schulter. Viele Menschen zeigen dabei auch wenig Feingefühl. Sie stören ihn beim Essen, beim Gespräch mit anderen, sprechen mit einem eigentlich Fremden, als ob er ihr langjährig bester Freund wäre. Ich schwöre: Ich habe noch nie erlebt, dass Andi Goldberger jemanden wie Luft behandelt hat. Fast immer erfüllt er freundlich, fröhlich, fachgerecht alle Wünsche und ist dabei der gut gelaunte lustige „Bursch“, als den man ihn kennt. Manchmal ist er ein wenig mürrisch. Manchmal sagt er freundlich, dass er jetzt keine Zeit habe, und ersucht, später wiederzukommen. Manchmal gibt er knappe Antworten auf seltsame Fragen. Da kann es schon mal sein, dass er die 25. Frage „Na, Goldi, wer g'winnt denn heut?“ am Tag mit einem schnippischen „Na i glaub, der Beste!“ beantwortet. Aber ich habe noch nie erlebt, dass er jemanden wie Luft behandelt.

Andi Goldberger ist nicht nur der „ewig junge" Bursch, der immer einen flotten Spruch auf den Lippen hat. Er kann auch grantig, nachdenklich, sorgenvoll, ernst sein. Wenn er springt, ist er hoch konzentriert. Wenn er arbeitet, ist er hoch professionell. Wenn er „privat" ist, kann er sehr lustig sein, aber man kann mit ihm auch sehr tiefgehende Gespräche führen. Aber Andi Goldberger ist immer „er". Und „er" hat in seinem Leben viele Höhen und Tiefen erlebt, aus denen er gelernt hat und die ihn als Mensch geformt haben. Wie ich ihn kenne, ist er einfach ein ehrlicher, gerader Mensch, der trotz all seiner Erfolge und seiner Popularität voll geerdet am Boden der Realität lebt und ein liebenswerter Mensch ist. Einer, der sich auch nicht zu schade ist, anzupacken. Es kommt schon vor, dass er, der bei einer Großveranstaltung wie Olympischen Spielen mit seinem riesigen Materialrucksack am Rücken seine Sprungski täglich herumschleppen muss, mithilft, Dinge zu organisieren, die er eigentlich nicht organisieren müsste, weil es nicht seine Aufgabe ist. Er tut es aber. Immer wieder. Weil er Teil eines Teams ist. Eines nordischen Teams. Und da halten alle immer irgendwie zusammen. Egal, auf welcher Seite der Schanze oder auch der Loipe, auf welcher Seite der Kamera man steht. Da geht es um die Sache. Um den nordischen Skisport. Wer dabei ist, dem ist dieser Sport etwas wert. Und das verbindet. „Nordische" reden oft von der „nordischen Familie". Und tatsächlich ist dieser Geist sehr oft zu spüren. Nordische Sportler macht ihre Menschlichkeit aus. Vielleicht ist Andi Goldberger gerade deshalb für mich ein Paradeexemplar eines „Nordischen".

Wenn man mit Menschen zu tun hat, macht man immer positive und negative Erfahrungen. Es wäre gelogen, wenn ich behaupten würde, dass es mit Skispringern oder deren Trainern nie zu Situationen kommen würde, über die man sich wundert oder ärgert. Und es wäre auch gelogen, wenn man behaupten würde, alle Fußballer sind im Umgang schwierig. Ich kenne sehr nette Fußballer, sehr kooperative Trainer, sehr professionelle Manager. Und vielleicht liegt es auch daran, dass ich sehr viel mit Fußballern zu tun habe, aber ich habe vor allem mit Fußball-Trainern öfter Erfahrungen gemacht, über die ich mich gewundert oder geärgert habe. Ich bin immer um ein sehr professionelles Verhältnis zu Trainern bemüht, egal in welcher Sportart. Ein zu freundschaftliches Verhältnis wäre unjournalistisch und daher kontraproduktiv. Ich versuche aber immer, höflich und korrekt zu sein. Auch wenn ich mal zum Beispiel vor einem Fußballspiel, das ich kommentiere, eine Information brauche. Ein höfliches und professionelles Verhältnis ist auch das, was ich dafür von der anderen Seite, also von Trainern, erwarte. In den meisten Fällen ist das auch so. Allerdings muss ich auch sagen, dass ich die meisten mir unangenehmen

Nicht Gegner, sondern Kollegen: Der Tourneezweite Thomas Morgenstern umarmt den Gesamtsieger Janne Ahonen (FIN), Bischofshofen, 6. Jänner 2008.

Nachfolgende Doppelseite (von links oben nach rechts unten):

Weltcupspringen 1991 in Lahti: umjubelter Sieger Andreas Felder.

Vancouver 2010: Gregor Schlierenzauer feiert mit den Teamkollegen die Goldene.

Stefan Horngacher und Andreas Goldberger herzen Andreas Widhölzl, den Sieger der 48. Vierschanzentournee 1999/2000.

Der zweitplatzierte Schweizer Simon Ammann (rechts) gratuliert Wolfgang Loitzl zum Sieg beim Neujahrsspringen am 1. Jänner 2009 in Garmisch-Partenkirchen.

Erfahrungen mit Fußballtrainern gemacht habe. Da kam es schon mal vor, dass der damalige Admira-Trainer Hans Krankl mich offensichtlich lange am Spielfeldrand seines Trainingsplatzes warten ließ, bis er sich zu einem angekündigten Interview begab, was auf mich damals sehr provokant wirkte. Da gab es schon mal genervte, ja fast aggressive Antworten von Salzburg-Trainer Huub Stevens nach einer weniger guten Leistung seiner Mannschaft auf kritische Fragen meines Kollegen Boris Kastner-Jirka, den Stevens nach beendetem Interview sogar fast attackierte. Und natürlich ist unter Journalisten Rapid-Trainer Peter Pacult und dessen Umgang mit Reportern immer wieder ein Thema. So versuchte ich zum Beispiel einmal vor einem Spiel in Linz als Kommentator Peter Pacult nach dem Grund einer speziellen Personalvariante in seiner Aufstellung zu befragen. Die Antwort, die er mir im Vorbeigehen gab: „Weil i des so wü", war für mich nicht wirklich befriedigend. Aber auch solche Reaktionen

KOP
WORLD CUP

ziener

Eisbär
uvex
Reifen & Service
Tirol
reusch
Buderus
Eisbär
CARRERA
Buderus
2

CARRERA
swissski
CARRERA
SKI JUMPING
FIS WORLD CUP
VIESSMANN
FIS

sind zu akzeptieren. Es ist sein gutes Recht, nichts zu sagen. Es ist auch das gute Recht von Hans Krankl, mich warten zu lassen, oder das von Huub Stevens, genervte Antworten zu geben. Aber es trägt auch einen ganz kleinen Teil zu einer ganz bestimmten Lichtstimmung bei, die das Flutlicht auf die Sportart wirft. Natürlich ist Fußball weltweit die beliebteste Sportart, und die meisten Fans kratzt das Arbeitsleid von Journalisten im Umgang mit den Protagonisten so viel wie meine Hauskatze die heurige Budgetdebatte. Und dennoch ist es für mich ganz persönlich ein wichtiger Baustein in meiner Meinungsbildung über nordische Sportler. Da erlebe ich nämlich Saison für Saison Gegenteiliges. Da kam es vor, dass mich Cheftrainer Alexander Pointner anrief und fragte, ob ich denn gar nichts von ihm wissen wolle vor dem Springen in Willingen. Ich hätte mich noch gar nicht gemeldet. Er machte sich Sorgen um mein Interesse an Neuigkeiten in der Mannschaft, obwohl ich doch erst wenige Tage zuvor mit allen zusammen war und auch das Springen davor kommentiert hatte. Vielleicht ist es das Interesse an der Popularität der Sportart Skispringen, das die Protagonisten so populär macht. Natürlich ist es auch der Erfolg! Aber ist es nicht auch so, dass durch die authentische Art und Weise, in der sich die Skispringer im Fernsehen präsentieren, ihre Beliebt-

Relaxte Atmosphäre: Cheftrainer Alexander Pointner bei der Videoanalyse mit Andi Kofler und Florian Liegl.

heit steigt? Macht ein Beitrag, in dem man die Springer in relaxter Atmosphäre sieht, für den sie sich Zeit genommen haben, um einfach ein gutes Gesamtprodukt zu kreieren, sie nicht noch sympathischer? Alexander Pointner, der bei seiner Arbeit am Trainerturm sicher jede Menge zu tun hat und unter einer enormen Anspannung steht, war sogar bei den letzten Übertragungen der Vierschanzentournee dazu bereit, ein Ansteck-Mikrofon zu tragen und während des Bewerbs ein Interview mit mir zu führen. Diese Bereitschaft ist sicher außergewöhnlich. Aber sie trägt zu einem meiner Meinung nach außergewöhnlich guten Produkt bei: Skispringen im Fernsehen.
Ich will damit keineswegs sagen, dass andere angesprochene Sportarten weniger attraktiv sind oder deren Protagonisten weniger kooperativ. Meine ganz persönliche Erfahrung hat mir aber gezeigt, dass im nordischen Skisport die Bereitschaft zu Außergewöhnlichem besonders groß ist. Und da zählen auch nordische Kombinierer und Langläufer dazu.
Ich bin mir ganz sicher, dass es ihn gibt, den nordischen „Geist". Und ich meine damit kein Gespenst. Ich meine eine Art der Zusammengehörigkeit. Teamgeist spielt unter nordischen Sportlern eine große Rolle. Auch demonstrative Einzelsportler wie Janne Ahonen sind in Wahrheit Teamplayer. Sonst könnten sie nicht so erfolgreich sein. Bei den österreichischen Skispringern spielt der Teamgeist aber eine besondere Rolle. Wenn man die ganze Zeit zusammensteckt, so viel Zeit gemeinsam beim Training, im Autobus, in Hotels verbringt, gemeinsam auf Tour ist, aber dennoch als Einzelsportler im Wettkampf antreten muss, ist es nicht besonders einfach, immer die Harmonie hochzuhalten. Ich bin mir auch sicher, dass nicht alles so harmonisch ist, wie es aussieht. Dennoch sind die Kameradschaft und der Teamgeist meiner Meinung nach ein ganz wesentlicher Baustein für den Erfolg der österreichischen Springer. Besonders gefällt mir, dass es eine wichtige, grundlegende Eigenschaft ist, über die alle Springer verfügen, die eine starke Säule dieses Teamgeists bildet: die Fähigkeit, miteinander zu reden. Reden als Konfliktlösung. Reden als Motivation. Reden als Zeitvertreib. Reden als soziale Verpflichtung. Mit Skispringern kann man reden. Nicht jeder ist ein Philosoph und Psychologe wie Toni Innauer, mit dem Reden besonders viel Spaß macht. Aber egal, ob beim Interview oder beim Frühstück im Hotel, in der Sauna oder nach drei Trainingssprüngen. Skispringer reden – miteinander und mit anderen. Und das ist gut so. Denn das ist es, was aus Einzelsportlern Teamplayer macht.
Ich habe noch genau im Ohr, wie Armin Kogler zu mir sagte: „Sind wir ein Team oder nicht?", als ich ihn fragte, ob es ihm etwas ausmachen würde, mit der Rückfahrt von der Schanze ins Hotel noch eine Stunde zu

Tourneesieger Andreas Kofler und Tagessieger Thomas Morgenstern freuen sich gemeinsam, Bischofshofen, 6. Jänner 2010.

Rechte Seite: Kameradschaftsgeist: Wolfgang Loitzl und Gregor Schlierenzauer schultern Tourneesieger Andreas Kofler.

Nachfolgende Doppelseite: Begeisterung beim Publikum: rot-weiß-rotes Fahnenmeer an der Paul-AusserleitnerSchanze in Bischofshofen 2010.

warten, weil wir ein gemeinsames Auto hatten und ich noch etwas zu arbeiten hatte.

Nordische Sportler sind Anpacker. Ganz egal, ob es Andi Goldberger ist, der sich zwischen Helmkameramontage, Skiwachseln und Aufwärmen für seinen Kamerasprung noch die richtigen Startnummern organisiert, damit auch ein Kamerateam mit auf den Schanzenturm darf. Ob es Alois Stadlober ist, der für Beiträge, in denen er dem Fernsehpublikum die Welt des Langlaufens näherbringt, selbst improvisierte Ski-Service-Stationen aufbaut, oder ob es Armin Kogler ist, der zur Schneekettenmontage in den italienischen Alpen die Ärmel aufkrempelt und Hand anlegt. Und das macht sie zu einem ganz besonderen Schlag von Menschen.

Ich lache mit Armin Kogler noch viel über unsere Reise zum Weltcupspringen in Pragelato. Wir fassten in Turin unseren Leihwagen aus, für den wir extra Schneeketten bestellt hatten, weil wir ja in die Berge mussten, wo im Gegensatz zu Turin Schnee lag. Unser Hotel war in Sestriere. Also oben am Berg. Nach Pragelato ging's wieder bergab. Als wir die Autobahn verlassen hatten, fuhren wir die Bergstraße nach Sestriere nur noch auf Schneefahrbahn. Schon bei der ersten Kurve sagte ich zu Armin: „Ich glaube, die Reifen haben nicht viel Profil." Diese Vermutung verstärkte sich von Kurve zu Kurve, von Höhenmeter zu Höhenmeter. Nach sieben Kehren gab es dann tatsächlich kein Weiterkommen mehr. Natürlich musste ich mir den scherzhaften Hohn Armins anhören, „Was isch – brauchst a paar Fahrstunden?" Nach einem Blick auf die Reifen wich der Spaß allerdings allgemeiner Verwunderung. So etwas wie ein Profil war nicht vorhanden. Sommerreifen. Slicks. Also packten wir die mitgelieferten Schneeketten aus. Die wären bei einer Versteigerung wahrscheinlich als Antiquitäten durchgegangen und passten eigentlich nicht wirklich auf die Reifen. Gemeinsam mit drei jungen Italienern, die uns vermutlich aus Mitleid für zwei ziemlich ratlos aussehende, frierende Österreicher am Straßenrand in der mittlerweile finsteren, verschneiten Einsamkeit der italienischen Berglandschaft halfen, schafften wir es, eine improvisierte Montage durchzuführen. Eine Kette riss nach rund einem Kilometer, und dennoch kamen wir so bis zu unserem Hotel. Am nächsten Tag in der Früh war der Sommerdiesel eingefroren. So kamen wir in den Genuss des Shuttle-Dienstes der Veranstalter, der für die Anhäufung unserer unglücklichen Zufälle viel Verständnis zeigte.

Solche Geschichten schweißen zusammen. Und solche Geschichten erzählt man sich gerne. Zum Beispiel, wenn man mit Toni Innauer, Alexander Pointner, Christopher Ryan und Florian Kotlaba an einem Tisch sitzt und den offiziellen Teil des Gesprächs bereits beendet hat. Und gerade da ist er zu spüren – der nordische „Geist".

www.FISCHERsports.com
Jack Wolfskin
TOURNEE
CHAMPION 09/10
INNSBRUCK
BISCHOFSHOFEN
GARMISCH-PARTENKIRCHEN
OBERSTDORF
LIQUI MOLY
CARRERA
BISCHOFSHOFEN

Skispringen fühlt sich super an

Johannes Sachslehner
im Gespräch mit Armin Kogler

Was zeichnet Ihrer Meinung nach das Skispringen im Vergleich zu anderen Sportarten aus?

Hier geht es ums Fliegen. Der Traum jedes Menschen ist es, fliegen zu können. Skispringen ist nur wenigen Menschen möglich. Leider kann man diese Sportart im hohen Alter nicht mehr ausüben. Das Springen auf 50-Meter-Schanzen macht keinen Spaß.

Wie sehr hat sich das Skispringen im Vergleich zu früher, also etwa den beginnenden 1980er-Jahren, verändert?

Ehrung der besten Sportler des Jahres am 19. Mai 1982 im Wiener Stadion mit zwei Skispringern: Bruno Pezzey, Harti Weirather, Edith Hrovath, Armin Kogler, Claudia Kristofics-Binder, Hupert Neuper, Dr. Gerda Winklbauer und Andre Arnold (von links nach rechts).

Es hat sich gravierend verändert. Genau in der Zeit, in der Ernst Vettori, Jens Weißflog und Matti Nykänen aktiv waren, sind die Leichtgewichtler gekommen und haben es den anderen schwer gemacht zu siegen. Damals sprangen alle fast die gleiche Skilänge, nämlich 2,50 m. Die Skifirmen waren nicht in der Lage, längere Skier zu bauen. Das mit dem Gewicht hat sich leider in die falsche Richtung entwickelt, man denke nur an Sven Hannawald. Der bestand in seiner besten Zeit nur aus Haut und Knochen.

Welche physischen und psychischen Voraussetzungen braucht ein erfolgreicher Skispringer? Macht das Talent den Erfolg aus oder sind es zum Teil auch andere Faktoren wie Training und Material?

Die physische Voraussetzung muss gegeben sein, sonst kannst du es vergessen. Es gibt viele Skispringer, aber den Sprung nach ganz oben schaffen nur ganz wenige. Wenn ich die Turner oder Schwimmer mit den Skispringern vergleiche, dann trainieren die Springer sehr wenig. Wenn ein Springer ein gutes Talent hat wie Gregor Schlierenzauer ist das sehr hilfreich, nur: Skispringen ist sehr komplex geworden. Würde sich Gregor nicht um sein Material kümmern, dann würden seine Ergebnisse anders ausschauen. Das körperliche Wohlbefinden ist ebenfalls ein wichtiger Faktor, um volle Leistung bringen zu können. Es gilt vor allem den idealen BMI (Body Mass Index) herauszufinden Dazu kommt auch noch die finanzielle Seite. Skispringen ist für einen Skiverband nicht billig. Zu meiner Zeit haben wir einen Sprunganzug für die Saison bekommen.

Wie „fühlt" sich das Skispringen für den Sportler an – macht es glücklich? Oder sogar süchtig?

Vorausgesetzt man ist gut in Form, dann fühlt sich Skispringen einfach super an. Wehe aber, man ist nicht in Form und man kommt nicht richtig ins Fliegen – dann ist es ein Krampf. Trotzdem gibt man nicht auf, weil man das Glücksgefühl einfach wieder mal spüren will.

Sind Skispringer einsame „Kämpfer" oder agiert man eher als Mitglied eines Teams?

Oben am Balken sitzend ist man alleine, aber das Umfeld muss passen. Trotzdem gibt es Einzelkämpfer siehe Simon Ammann, der einzige Schweizer weit und breit, oder Adam Malysz, der lange Zeit der einzig gute Pole war.

Weltmeisterlich: Armin Kogler fliegt am Holmenkollen zum Sieg, WM 1982.

Müssen Skispringer Asketen sein? Wie sehr müssen sie auf ihre Ernährung und ihren Lebenswandel achten?

Ja, Skispringer müssen sehr auf ihre Ernährung aufpassen. Wer glaubt, nur leicht sein zu müssen genügt, um weit zu springen, hat auf das falsche Pferd gesetzt. Die Saison dauert sehr lange und da braucht es einen gewissen Energiehaushalt. Es gibt wenige Sportarten, wo so auf die Ernährung geachtet wird wie bei den Springern. Ich erinnere nur an die Disqualifikation von Andi Goldberger, der nach einer Konkurrenz um 100 g zu leicht war.

Was sollte man als Laie über die „Physik" des Skispringens wissen? Wie sieht eine „ideale" Sprungkurve aus?

Die Flugbahn eines Skispringers hängt vom Absprung, der Anlaufgeschwindigkeit, dem Gewicht und den aerodynamischen Kräften, die auf den Springer und seine Ausrüstung wirken, ab. Mit diesen Werten sind die Bewegungsgleichungen für den Flug bei einem gegebenen Schanzenprofil vollständig bestimmt. Die Flugposition des Athleten ändert sich während des Sprunges. All diese Parameter werden berücksichtigt und für die Planung und Bau neuer Schanzen herangezogen. Mit Hilfe der Computersimulation kann eine Schanze ganz nach den Wünschen eines Sponsors gebaut werden. So sollte es z. B. in Zukunft möglich sein, eine Flugschanze zu bauen, auf der Weiten von über 270 m ohne ein allzu großes Risiko erreicht werden können.
Geändert hat sich im Vergleich zu früher das Schanzenprofil.
Mit dem heutigen Material und dem Body Mass Index ist es nicht mehr

möglich, auf den alten Schanzen eine gute und spannende Konkurrenz abzuhalten. Das Springen geht zwar schon noch, aber es gelingt nur mehr dem einen oder anderen die Schanze bei gleich bleibender Anlauflänge auszuspringen. Ein typisches Beispiel dafür ist die Schanze in Sapporo. Die Schanze ist seit den Olympischen Spielen 1972 nahezu unverändert geblieben.
Früher war der K-Punkt der Punkt, an dem der Aufsprunghang sich begonnen hat zu krümmen. Daher auch der Ausdruck „Kritischer Punkt", da die Sprünge über diesen Punkt hinaus nicht mehr leicht zu stehen waren. Heute ist der K-Punkt der Kalkulationspunkt, d.h. wenn man auf den K-Punkt springt, erhält man 60 Weitenpunkte.
Bei der Landung muss der Springer den Aufsprung mit seiner Muskelkraft kompensieren. Alle g-Werte, die hier auf den Springer wirken, aufzuschlüsseln ist kompliziert, aber man kann sich das ungefähr so vorstellen: Die Sprünge, die im Aufsprunghang landen, haben einen Landedruck, als würde man von einem Stuhl oder Tisch auf den Boden springen. Gehen die Sprünge an den Schanzenrekord, dann kann es schon vorkommen, dass dies einem Sprung vom ersten Stockwerk auf den Boden entspricht. Es gibt übrigens kaum eine andere Sportart, die wissenschaftlich so genau erforscht wurde wie das Skispringen. Der beste Experte auf diesem Gebiet ist Professor Wolfram Müller von der TU Graz.

Anknüpfend an Ihre Bemerkung, dass Sie einst nur einen Sprunganzug als „Lohn" bekommen haben: Ist das Skispringen also ein Profisport – kann man vom Skispringen heute als Aktiver leben?

Ja, die besten 15 im Weltcup können vom Springen locker leben. Für alle, die den Finaldurchgang erreichen, gibt es ein Preisgeld in Schweizer Franken, das bereits voll versteuert ist. Man braucht sich nur den Malysz oder den Ahonen anschauen, die sind schon sehr alt, aber für das nötige Kleingeld reicht es allemal. Eigentlich ein Armutszeugnis für die jungen Springer. Zu meiner Zeit hatte ein Springer ein Ablaufdatum. Grund: Mit zunehmendem Alter wurde der Athlet vorsichtiger und das war die Chance für die jungen Wilden. Heute sind alle Schanzen gleich vom Design her und mit der Eisspur kannst jeden herunter springen lassen.

Wohin geht Ihrer Meinung nach die Entwicklung? Wird sich der Weltcup, werden sich die Wettkampfregeln verändern, etwa durch das „Diktat" der Fernsehanstalten?

Die FIS hat mit Dr. Walter Hofer einen fähigen Mann. Aber einen Nachteil

hat die Sache: Er war nie Skispringer. Er hat sich zum Ziel gesetzt, immer alles noch sicherer und professioneller zu machen. Ich behaupte, dass Skispringen immer harmloser und harmloser wird.
Die Wettkampfregeln haben sich bereits im letzten Jahr drastisch geändert. Die Wind- und Startgate-Regel wurde durchgedrückt und beinhart falsch angewendet. Normalerweise sollte der beste Springer die Anlauflänge bestimmen. Aber hier geht es einzig und allein darum, irgendwie eine Konkurrenz durchzudrücken. Viele Springen finden zur Primetime am Abend statt. Es geht hier um Quoten. Selbstverständlich wünschen sich die Fernsehanstalten diese Zeiten. Aber hier geht es ums Geld. Der Verband braucht das Geld, daher wird am Abend gesprungen. Für den Veranstalter ist das mit sehr hohen Kosten verbunden, er muss die Flutlichtanlage bezahlen usw. Am Abend ist oft auch nicht unbedingt das bessere Wetter, daher auch die Änderungen: Eisspur – Windnetz – Startgate-Regel – Windfaktor usw. Es wird immer mehr Salz aus der Suppe genommen.

Armin Kogler, geboren 1959 in Schwaz, gewann zweimal (1980/81 und 1981/82) den Skisprungweltcup und feierte insgesamt 13 Weltcupsiege; von 1977 bis 1985 war er insgesamt 82-mal in den Top Ten platziert. 1979 holte er Gold bei der Skiflug-WM in Planica und stellte mit 180 Metern einen neuen Weltrekord auf. 1982 gewann er bei den Weltmeisterschaften in Oslo Gold auf der Normalschanze.
Neben seiner Tätigkeit als Pilot bei den Tyrolean Airways ist er auch als Ko-Kommentator bei Skisprungübertragungen des ORF im Einsatz.

Fachsimpeln mit Toni Innauer, dem nordischen Direktor des ÖSV, während des Trainings zum Skiflug-Weltcup am Kulm, 9. Jänner 2010.

Michael Roscher

Magic Moments

Oben: Bestes Edelmetall:Thomas Morgenstern prüft die Qualität seiner Goldmedaille von Pragelato.

Rechte Seite: Erlösendes Glücksgefühl: Thomas Morgenstern reißt nach seinem perfekten zweiten Sprung auf der Großschanze von Pragelato die Arme in die Höhe, Olympische Winterspiele, Turin 2006.

Es war gerade mal einen Monat her, dass ich vom Landesstudio Niederösterreich in die Sportredaktion am Wiener Küniglberg gewechselt bin. Diverse Fußballberichte und einige Beiträge, die ich gestaltet hatte, dürften dort sehr gut angekommen sein. Deshalb hat mich der damalige Planungschef Hans Huber wohl nach Wien gelotst. Nach meinen Anfängen beim ORF als Unterhaltungsmoderator und meiner Zeit als Redakteur beim Aktuellen Dienst und beim lokalen Sport wartete also wieder einmal eine neue Aufgabe auf mich. Eine Aufgabe, auf die ich mich sehr freute. Aber eine Aufgabe, die für mich die bisher ungewisseste aller neuen Herausforderungen war. Ich musste mich erst etablieren. Da waren viele neue Kollegen. Jeder hatte seine Zuständigkeiten. Wird man mich akzeptieren? Werde ich mich durchsetzen? Ist der Konkurrenzkampf in der Sportredaktion wirklich so hart wie sein Ruf? – Fragen über Fragen beschäftigten mich zu Beginn des Jahres 2001. Seit erstem Jänner war ich offiziell Bestandteil der Redaktion, in die ich eigentlich schon als Kind wollte. Damals hatte ich diesen Wunsch allerdings als einen unerreichbaren abgehakt.

Das Telefon klingelte. Es war ein Wintertag, an dem man in Wien an einem Sonntagabend am liebsten zu Hause im Wohnzimmer bleibt. Und dennoch hatte dieser Abend eine eigene, ganz besondere Stimmung. Es war der 4. Februar. „Alois Lipburger ist tot", hörte ich meinen Chef Robert Waleczka am Telefon sagen. „Für morgen sind eine Menge Beiträge und Nachrufe zu produzieren. Ich hätte gerne, dass Du das machst!"
Alois Lipburger war Cheftrainer der österreichischen Skisprung-Nationalmannschaft. Zu diesem Zeitpunkt waren die Erwartungen größer als die Erfolge der „Adler". Bei der Vierschanzentournee musste sich Alois Lipburger noch für das schlechteste Abschneiden einer ÖSV-Mannschaft auf dem Bergisel seit 1973 rechtfertigen. In Willingen, von wo er nach einem Einzel- und einem Mannschaftsspringen mit dem Auto aufgebrochen, jedoch nie an seinem Ziel angekommen war, waren Martin Höllwarth, Stefan Horngacher, Wolfgang Loitzl und Andreas Widhölzl

torino 2006
45

Tragischer Unfalltod: Alois Lipburger, Cheftrainer der ÖSV-Springer, kommt am 4. Februar 2001 bei einem Autounfall ums Leben. Martin Höllwarth, der Lenker des Wagens, und Andreas Widhölzl werden leicht verletzt.

Zweite hinter den Finnen geworden. Aber das beschäftigte am Montag niemanden mehr. Alois Lipburger war tot. Plötzlich und unerwartet auf tragische Art und Weise aus dem Leben gerissen. Und ich musste es Österreich erzählen – das Wie, das Warum, das Wann. In Anbetracht der Umstände – es war kurz vor einer nordischen Weltmeisterschaft, einer der Springer war der Unglückslenker – eine sehr heikle Geschichte. Sie erforderte Einfühlungsvermögen. Und ich sollte sie produzieren. Der Einstieg in diese komplexe und wunderbare Sportart war für mich keiner mit Jubel und Euphorie. Es war ein tragischer und arbeitstechnisch anspruchsvoller Einstieg. Aber er war schicksalhaft. Denn er führte mich zu meinem ersten von vielen bewegenden Augenblicken, die ich in weiterer Folge mit den österreichischen Skispringern erleben durfte.

Ich denke, dass mein Chef deshalb wollte, dass ich die Nachrufe von Alois Lipburger produzieren sollte, weil ich bei der nordischen Weltmeisterschaft in Lahti erstmals bei einer Großveranstaltung als Reporter eingeteilt war. Diese WM stand natürlich zwei Wochen nach dem tödlichen Unfall ganz im Schatten dieses Ereignisses. Der finnische Dopingskandal hatte in Österreich thematisch kaum Platz neben der Frage, wie die österreichischen Springer wohl mit dem Unfall und dem Tod ihres Cheftrainers umgehen würden und wie sehr sich dieser Unfall auf die Leistungen auswirken würde. Nun, auf der Großschanze gewann der Deutsche Martin Schmitt vor Adam Malysz und Lokalmatador Janne Ahonen. Martin Höllwarth wurde Vierter unmittelbar vor Stefan Horngacher. Auf der Normalschanze gewann ausgerechnet Martin Höllwarth die Bronzemedaille hinter Adam Malysz und Martin Schmitt. Bronze gab es dann auch für Andi Goldberger, Wolfgang Loitzl, Stefan Horngacher und Martin Höllwarth beim Teambewerb auf der Großschanze. Tolle Ergebnisse, angesichts dessen, was passiert war. War es eine mentale Ausnahmeleistung der Athleten? War es Verdienst des Psychologen Toni Innauer, der als Rennsportdirektor in die Rolle seines Freundes Alois Lipburger als Cheftrainer geschlüpft ist? Welche Erklärungen gibt es sonst noch? Was werde ich Toni Innauer bei meinem ersten Auftreten als Live-Interviewer nach dem letzten Sprungbewerb, dem Teamspringen auf der Normalschanze, fragen, wenn es nicht gut läuft? Wie euphorisch darf ich sein, wenn es gut läuft? Wie bringe ich das Thema „Lipburger" einfühlsam ins Gespräch? Die zeitliche Konstellation der Bewerbe hatte es ergeben, dass ich bei diesem Bewerb als Live-Interviewer eingeteilt war, obwohl ich sonst während der WM ausschließlich Beiträge gestaltete. Ich war seit anderthalb Monaten in der Sportredaktion, und das würde mein erster Auftritt live vor der Kamera werden. Was ich fragen würde, war un-

Nordische Ski-WM in Lahti 2001: Das österreichische Team mit Stefan Horngacher, Martin Höllwarth, Andreas Goldberger und Wolfgang Loitzl (von links nach rechts) holt die Goldmedaille.

widerruflich. Ich war nervös wie noch kaum zuvor in meinem Reporterleben. Es ging nicht nur um Fragen nach einem Wettkampf, um sportliche Beurteilungen, um Freude, Kritik und Analysen. Es ging um das letzte Springen bei der Weltmeisterschaft. Es ging um jenen Bewerb, den Alois Lipburger unbedingt mit seinen Athleten hatte gewinnen wollen. Es ging um Teamgold auf der Normalschanze. Es war der Traum des Cheftrainers gewesen, mit seinen Athleten gemeinsam diese Goldmedaille zu gewinnen. Wolfgang Loitzl, Andi Goldberger, Stefan Horngacher und – Martin Höllwarth erfüllten Alois Lipburger diesen Herzenswunsch. Und ich musste jenen Mann dazu interviewen, der statt des erst vor zwei Wochen verstorbenen Cheftrainers den Erfolg zu verantworten hatte. Ich tat das mit Tränen in den Augen. Ich war gerührt, ergriffen von der Magie des Moments, in dem mir Toni Innauer souverän und dennoch emotionell erklärte, warum es die Springer verdient hatten, diesen Sieg zu feiern, und warum Alois Lipburger ein großer Mensch und Trainer war. Ich musste dazu gar nicht viel beitragen. Und mit einem Mal war ich angekommen, fasziniert von meiner neuen Welt, der Welt der Skispringer.

Aus dem Reich der Adler nicht wegzudenken: Polens Top-Star Adam Malysz, hier beim Springen in Oberstdorf 2004.

Das Reich der Adler zeigte mir fast täglich neue Facetten seiner Einzigartigkeit. Skispringen präsentierte sich mir als einem, der aktiv Fußball gespielt, als Kind sein Glück als Judoka gesucht und nur eine begrenzte Zeit lang gefunden hatte, der in seiner Freizeit mit Begeisterung Tennis oder Tischtennis gespielt hatte oder wie fast jeder Bewegungsfanatiker hin und wieder durch den Wald gejoggt und im Winter Ski gefahren war, als ein Sport, der bei jedem Training, bei jeder Qualifikation, bei jedem Wettkampf für neue Überraschungen gut war. Andi Widhölzl zum Beispiel konnte bei einem Sprung seinen Gegnern vier Meter abnehmen und eine Stunde später um 20 Meter kürzer springen als der Führende. Oder Andi Goldberger, der erste echte Superstar unter den Skispringern, konnte bei einem Interview die lustigsten Wuchteln schieben, wenn er nach dem ersten Sprung gut war, und dich als Interviewer kurz darauf nach einem verpatzten zweiten Sprung dermaßen auflaufen lassen, dass du dich vor laufender Kamera grün und blau ärgern musstest. Adam Malysz überraschte von Interview zu Interview mit steigenden Deutschkenntnissen

Sven Hannawald, hier in Oberstdorf 2001, gewinnt als erster Springer alle vier Springen der Vierschanzentournee.

und Janne Ahonen sorgte unter Reportern immer wieder für Hochspannung darüber, bei wessen Interview ihm wohl doch einmal versehentlich ein Lächeln über die vereisten finnischen Lippen kommen würde.
Zu Beginn des Winters 2002 hatte ich schon einiges von dieser einzigartig vielfältigen Springerwelt kennen gelernt. Ich hatte auch schon meine erste Vierschanzentournee hinter mir. Es war eine faszinierende. Hatte doch Sven Hannawald als erster Springer der mehr als 50-jährigen Tourneegeschichte alle vier Stationen gewinnen können. Auch bei dieser Tournee war ich Reporter. Ich durfte mit einem Kamerateam nach den Bewerben Interviews mit den Springern machen. Einige von ihnen kannten mich bereits in meiner zweiten Skisprungsaison. Auch Sven Hannawald. Irgendwie hatte ich das Gefühl, dass er mich auch recht gut leiden konnte. Immerhin schaffte ich es – auch ein wenig durch den Heimvorteil in Bischofshofen, wo mich die Ordner nicht so ganz genau nach den Zugangsberechtigungen fragten –, unmittelbar nach seinem Triumph das erste Fernsehinterview zu machen. Er war auf dem Weg vom Sieger-

podium zum Fernsehstudio von RTL, das damals in Deutschland über Skispringen berichtete. Dieser Weg führte über das Dach der Kommentatorenkabinen. Und genau dort erwischte ich ihn mit meinem Kamerateam. Tatsächlich blieb er stehen und beantwortete mir schnell, aber freundlich und kooperativ drei Fragen. Doch das nur nebenbei. Ich hatte jedenfalls schon ein bisschen Erfahrung mit den Skispringern und dem Sport, bei dem so viele Faktoren für den Erfolg verantwortlich sind. Neben der Athletik spielen das Material, das Wetter, der mentale Zustand eine fast gleichwertig wichtige Rolle. Zur Zeit Hannawalds leider auch das Gewicht des Springers. Das spielt auch heute noch eine wichtige Rolle. Aber die FIS hat es geschafft, durch neue Reglements Gewichtsvorteile durch Materialnachteile so auszugleichen, dass kein Springer mehr so extrem hungern muss, um konkurrenzfähig zu sein, wie es eine Zeit lang notwendig war.

Zur Vierschanzentournee 2002/03 war der wortkarge Finne Hannu Lepistö Cheftrainer der österreichischen Mannschaft. Er trat mit acht Springern zur Vierschanzentournee an, deren erster Wettkampf am 29. Dezember in Oberstdorf stattfand. Drei dieser acht Springer waren Routiniers. Da war der letzte österreichische Tourneesieger aus dem Jahr 2000, Andi Widhölzl, der zweifache Tourneesieger aus den Jahren 1993 und 1995, Andi Goldberger, und Martin Höllwarth, der in dieser Saison schon drei Siege gefeiert hatte. Dazu kamen eine Handvoll Junge: Andi Kofler, so etwas wie der Shootingstar der Saison, Florian Liegl, der Lange, Matthias Hafele, der heute im Servicebereich tätig ist, Martin Koch, der Flieger, und ein gewisser Thomas Morgenstern. Von ihm wusste man vor seinem ersten Weltcupeinsatz in Oberstdorf nicht viel, außer dass er mit seinen 16 Jahren drei von vier Continental-Cup-Springen zu Saisonbeginn gewonnen hatte und einmal Zweiter geworden war, dass er aus Kärnten kam und angeblich nicht auf den Mund gefallen war. Betreut wurde diese junge Truppe von einem jungen Trainer: Alexander Pointner. Als B-Kader-Trainer wurde er auch erstmals als hauptamtlicher Nachwuchstrainer des ÖSV in Stams, der größten Kaderschmiede des Landes, eingesetzt. Jedenfalls war nur einer jener Tournee-Springer, die ich bereits kannte, eine sogenannte Plaudertasche vor dem Mikrofon, Andi Goldberger. Umso mehr war ich gespannt auf meine erste Begegnung mit den „Jungen“. Ich hatte die Aufgabe, einen Beitrag über diese junge österreichische Mannschaft zu produzieren, der vor dem Bewerb gespielt werden sollte. Zu diesem Zweck positionierte ich mich während des Trainings am Tag der Qualifikation im Zielraum, um die Springer nach ihren Trainingssprüngen über Ambitionen, Vorbilder und die neue dünne Luft der Weltelite zu befragen. Den ersten Trainingssprung schaute ich mir mal in Ruhe an, um mir ein

„I wü afoch a jedes Springen g'winnen" – Newcomer Thomas Morgenstern, hier beim Neujahrsspringen in Garmisch-Partenkirchen, hat bei der Vierschanzentournee 2002/2003 große Ziele.

Bild zu machen und nach dem Sprung einen ersten kurzen Kontakt mit den neuen Springern herzustellen. Dabei konnte ich ihnen gleich ankündigen, dass ich nach dem zweiten Trainingssprung gerne ein Interview machen würde.

Thomas Morgenstern landete bei 102,5 m. Das war nicht berauschend. Er sprang mit Startnummer 32. Sven Hannawald war mit Nummer 79 an der Reihe. Er stand mit 120,5 m den weitesten Sprung dieses Durchgangs. Alle Springer übrigens mit gleicher Anlauflänge. Zwei große blau-graue Augen schauten unter einer blonden Locke hervor, die vom Skisprunghelm auf die Stirn eines „Buberl"-Gesichts gedrückt wurde, als ich den O-beinigen Schritts daherfedernden jungen Kärntner nach seinem ersten Gefühl auf der Schattenbergschanze befragte. „Des wird scho'!" Seine Antwort klang irgendwie nach einer Mischung aus grenzenlosem Selbstvertrauen eines „Scheiß-mir-nix" und Ärger über einen Sprung, von dem er wusste, er hätte besser sein können. Solche Smalltalk-Gespräche zwischen Reportern und Athleten geschehen im Normalfall im Vorbeigehen. Skispringer sind in der Regel froh, wenn sie ihre langen Sprungski abstellen und sich aus den engen Sprungschuhen möglichst schnell befreien können. Thomas Morgenstern blieb artig stehen. Schaute mich erwartungsvoll an, als ob er noch gerne mit mehreren Fragen konfrontiert sein wollte. Ich sagte ihm, dass ich gerne nach seinem nächsten Sprung ein Interview machen würde. „Passt!", wäre wohl die Antwort gewesen, die ich nun erwartet hätte. Erfahrungsgemäß. Und irgendwie auch aus einer gewissen Logik heraus. „A Interview???", war dann aber seine

Rechte Seite: Sekunden vor dem ersten Weltcupsieg: Thomas Morgenstern gewinnt am 11. Jänner 2003 auf der K-120-Schanze in Liberec.

Nachfolgende Doppelseite: Volksfeststimmung in der Tatra: das Weltcupspringen in Zakopane am 17. Jänner 2009..

tatsächliche Reaktion. Und die blau-grauen Augen vergrößerten sich zu einem Kärntner Stausee, der vor Überraschung und plötzlich einschießender Aufregung am liebsten über die Staumauer springen wollte. „Jo, wos frogst mi denn do?“ Diese Frage, was ich wohl fragen würde, überforderte mich etwas in diesem Augenblick, in dem ich nicht wusste, ob dieser unglaublich sympathische Bursch mir nun leidtun oder ob ich nun einfach loslachen sollte. Ich antwortete so etwas wie „Keine Panik! Wir plaudern einfach miteinander. Ich frag, und du antwortest.“
Thomas Morgenstern sprang bei seinem zweiten Versuch 111,5 m. Das war die viertbeste Weite. Damit ließ er Janne Ahonen, Andi Widhölzl, Adam Malysz und Matti Hautamaeki klar hinter sich. Auf die Frage, wie ihm das gelungen sei, antwortete er: „Jo – a geiler Sprung woa des afoch.“ Seine Tourneeziele definierte er ebenso klar: „I wü afoch a jedes Springen gwinnen.“ Und sein Ziel für die weitere Zukunft kannte der sechzehnjährige Thomas Morgenstern mit dem „Buberl“-Gesicht und den unschuldigen blau-grauen Augen auch genau: „I wü da beste Skispringer auf da Wölt wean.“
Thomas Morgenstern belegte am Tag nach diesem Interview in Oberstdorf Platz 9, wurde in der Tourneewertung Gesamtzehnter und gewann mit 16 Jahren zwei Wochen später sein erstes Weltcupspringen im tschechischen Liberec vor Andi Widhölzl und Jakub Janda.

Im Jahr 2003 begann meine Zeit als Skisprung-Kommentator. Meinen ersten Einsatz hatte ich im polnischen Zakopane. Ich war zuvor noch nie in Polen gewesen. Und so hatte ich eine völlig falsche Erwartungshaltung von jenem Wintersportort an der Hohen Tatra, als ich mit meinem Assistenten Gerry Lipp ins Flugzeug nach Krakau stieg. Gerry kannte Zakopane bereits und erzählte mir von Häusern mit auffallend spitzen Dächern, Wirtshäusern mit gemütlichem Holzmobiliar, offenen Feuerstellen und Musikern in polnischen Trachten, deftiger Kost und von einer Schanzenanlage, die in Sachen Zuschauer und Stimmung einzigartig sei. Die Dächer der Häuser, die ich bei der Autofahrt von Krakau nach Zakopane sah, waren tatsächlich auffallend spitz. Und sie fügten sich in der gewaltigen Hintergrundkulisse des Gebirgszugs, der die Grenze zwischen Polen und der Slowakei bildet, in ein anmutiges Bild einer wunderschönen Landschaft. Es war bitter kalt. Und aus den Schornsteinen der Häuser mit den spitzen Dächern stieg Rauch, der die ganze Region Kleinpolen mit seinem Geruch nach verbranntem Holz zu bedecken schien, so wie die dünne Schneeschicht, die an ihrer Oberfläche ebenfalls Rückstände von verbranntem Holz erkennen ließ. Zakopane selbst präsentierte sich als

F/I/S
CUP SKI-JUMPING
presented by
MANN
VIESSMANN
ruhrgas
WORLD CUP SKI-JUMPING
presented by
VIESSMANN
kelag strom
FIS
WARSTEINER
41
OMV
OMV
Tirol
Tirol
jalas
jalas
www.FISCHER-ski.com
www.FISCHER-ski.com

GRÓJEC
ŁOWICZ

POLSKA
RMF
ZEW

typischer Wintertourismus-Ort: Hotels, Geschäfte, Lokale. Alles in typisch südpolnischem Flair, traditionell, urig, gemütlich. Irgendwie verliebte ich mich in diese Stadt schon beim Hineinfahren, auch wenn es eine Zeit lang dauerte, bis Gerry und ich die Akkreditierungsstelle und unser Hotel fanden.

Was den Schilderungen Gerrys aber ganz und gar nicht entsprach, das war die Schanzenanlage. Er sprach von steilen Zuschauerrängen, riesigen Fanmassen und sehr lauten „Tröten", mit denen polnische Skisprungfans bevorzugterweise für Stimmung sorgten. In Wahrheit waren diese Ränge Steilwände, neben denen die Dachstein-Südwand vor Neid erblasst. Die Fanmassen waren mindestens 50.000 frenetisch jubelnde Adam-Malysz-Fanatiker und Skisprungliebhaber im Stadion und mindestens noch einmal so viele vor dem Stadion und auf der zum Stadion führenden Straße, durch die es beim besten Willen auf mindestens zwei Kilometern Länge kein Durchkommen mehr gab, ohne Gefahr zu laufen, erdrückt zu werden. Und die Tröten, die eine klanglich und optisch erstaunliche Ähnlichkeit mit den von der Fußball-WM in Südafrika bekannten Vuvuzelas aufweisen, waren drei Tage lang rund um die Uhr zu hören. Während des Trainings und der Bewerbe in großer Masse, um 4 Uhr früh eher als vereinzeltes betrunkenes Stöhnen durch die Nacht. Zakopane ist einzigartig. Es ist mein liebster Weltcup-Ort. Hier erlebte ich 6 österreichische Siege, aber auch den lebensgefährlichen Sturz des Tschechen Jan Mazoch, der zum Glück überlebt und seine Skisprungkarriere beendet hat. Nur einer konnte hier noch nie gewinnen: Thomas Morgenstern.

Der Kärntner ist jener aktive Springer, der meine Zeit als Skisprung-Kommentator bisher am meisten geprägt hat. Das liegt sicher daran, dass ich seine Anfänge begleiten und seine größten Erfolge hautnah miterleben durfte. Bei Andi Goldberger bin ich froh, dass ich ihn erst nach seiner großen skispringerischen Blütezeit kennengelernt habe. Vom Ko-Kommentator ist er für mich zu einem Freund geworden. Und wie sehr Gregor Schlierenzauer, bei dessen „Geburtsstunde" im Weltcup in Oslo ich ebenfalls dabei sein durfte, und die anderen Superadler meine berufliche Zukunft begleiten werden, davon will ich mich gerne überraschen lassen.

Thomas Morgenstern jedenfalls ist in relativ kurzer Zeit, von seinem „Hallo, da bin ich!"-Einstieg am 29. Dezember 2002 in Oberstdorf bis heute, zu einem Vorzeigeathleten gereift, der Sportgeschichte geschrieben hat. Und er ist dabei nach meinem Empfinden im Grunde immer der gleiche ehrliche, geradlinige und überaus ehrgeizige Mensch mit blaugrauen Augen und blonder Locke geblieben, der sagt, was er fühlt, und dabei oft liebenswürdig umständlich und herrlich kärntnerisch formuliert.

Der tschechische Skispringer Jan Mazoch stürzt am 20. Januar 2007 beim Weltcup in Zakopane lebensgefährlich.

2006 sollte das Schicksalsjahr des mittlerweile höchst beliebten Skispringers aus Lieserbrücke bei Spittal an der Drau werden. Der Sieg in Liberec am 11. Jänner 2003 war der bisher einzige des mittlerweile 19-Jährigen, ein weiterer nur eine Frage der Zeit. Und für den suchte sich Thomas Morgenstern wahrlich einen guten Zeitpunkt aus.

Ich freute mich auf die Olympischen Winterspiele in Turin in etwa wie ein kleines Kind auf Weihnachten. Als italophiler Mensch mit einem unübersehbaren Hang zu gutem Essen musste man mich nicht wirklich besonders motivieren, vier anstrengende Wochen in den Bergen bei Turin zu verbringen. Wusste ich doch, dass ich als Kommentator für das Skispringen auf der Großschanze eingeteilt war. Bei meinen ersten Winterspielen in Salt Lake City durfte ich als Moderator einige Sternstunden miterleben. Bei den Sommerspielen in Athen hatte ich bereits große Tischtennismatches kommentiert. Aber die Chance, als Kommentator eine olympische Skisprungentscheidung begleiten zu dürfen, hatte ich bis zu diesem Zeitpunkt noch nicht. Noch dazu eine mit ausgezeichneten Medaillenchancen für Österreich.

Die österreichische Skisprung-Nationalmannschaft wurde seit 2004 von Alexander Pointner betreut. Er stellte von Beginn an den Teamgeist in den Vordergrund. Zuerst galt es, aus vorrangig jungen Athleten ein schlagkräftiges Team zu formen, dann wollte er Einzelerfolge sehen. Das Team funktionierte. 2005, bei der nordischen Weltmeisterschaft in Oberstdorf, hatten die Österreicher beide Teambewerbe, auf der Normal- und auf der Großschanze, gewonnen. Einzelmedaille gab es keine. Ähnlich war die Situation im Weltcup. Aber irgendwie lag es in der Luft, dass gerade bei diesen Olympischen Spielen der eine oder andere „explodieren" könnte. Bis Willingen, der letzten Weltcupstation vor den Spielen, hatten Andi Kofler und Thomas Morgenstern nur je einen dritten Platz für Österreich ersprungen, in Engelberg und Zakopane. Und ausgerechnet beim letzten Bewerb vor Turin schafften diese beiden einen rot-weiß-roten Doppelsieg. Andi Kofler gewann vor Thomas Morgenstern sein erstes Weltcupspringen. Wenn das kein Selbstvertrauen für Olympia gab!

Bei den Olympischen Spielen in Turin zeigte sich Italien aus meiner Sicht leider mehrheitlich von seiner weniger angenehmen Seite. Für Unterkünfte in den Olympiaorten wie Sestriere oder Pragelato verlangte man horrende Summen. Für den Preis einzelner Zimmer für eine Nacht mit Frühstück kann man in nichtolympischen Zeiten in vielen Urlaubsdestinationen eine ganze Woche mit Halbpension verbringen. Ich wohnte in einer Art Sommerhausanlage ganz in der Nähe der Schanze. Dass es eine Sommerhausanlage war, erkannte man daran, dass bei einigen dieser Mini-Häuser die Wasserleitungen eingefroren waren und die Heizung nicht funktionierte. Das Frühstück nahmen wir im Haupthaus gemeinsam mit den Carabinieri ein, die dort ihre Verpflegungsstation hatten. Wenigstens förderte das unser Sicherheitsgefühl. Das war aber spätestens bei den Sicherheitskontrollen an den Venue-Eingängen wieder weg. Dort mussten sich alle Journalisten, das ist bei Großveranstaltungen dieser Art üblich, Kontrollen wie am Flughafen unterziehen. Zu diesem Zweck gab es an den Eingängen Scanner, auch wie am Flughafen. Da von ca. 6 bis 8 Geräten, die aufgebaut waren, durchschnittlich aber nur zwei benutzt wurden, bildete sich vor dem Presseeingang meistens eine Warteschlange, in der wir mitunter bis zu einer Stunde teilweise im Regen oder bei Schneefall warten mussten. Neben den anderen Geräten saßen teilweise recht gemütlich einige Mitarbeiter des Sicherheitspersonals und erklärten seelenruhig, aber ohne sich wirklich bei ihren Unterhaltungen stören zu lassen, dass sie nicht funktionierten. Die Mischung aus Regen und Schneefall sorgte für teilweise widrige Bodenbedingungen in den TV-Compounds, den Arbeitsstätten der Fernsehanstalten, und ein wirklich gutes italienisches Lokal für einen entspannten Ausklang eines anstren-

Die Jury nimmt ihre Plätze ein: vor dem Beginn der Sprungkonkurrenz am 21. Februar 2006 bei der Winterolympiade in Pragelato.

Nachfolgende Doppelseite: Die Basis für den Olympiasieg: Thomas Morgenstern bei seinem ersten Sprung auf der Großschanze von Pragelato am 18. Februar 2006.

genden Arbeitstages war in der Nähe nicht zu finden. Shuttlebusse verkehrten trotz Fahrplan wann und wohin sie wollten. Armin Kogler, ehemaliger Skiflug-Weltrekordler und Weltmeister in Oslo, musste sogar in einem Bus mitten auf der Strecke die Mittagspause des Chauffeurs abwarten, der pünktlich zu Pausenbeginn den Bus anhielt, seine Jause auspackte und erst nach einer halben Stunde weiterfuhr. Also, alles in allem war das „Rundherum"-Erlebnis dieser Olympischen Spiele nicht besonders attraktiv. Und die Geschehnisse rund um die Langlauf- und Biathlonmannschaft mit Doping-Razzia und so weiter trugen ihren Teil zu einem Schatten über diesen Spielen bei. Und dennoch hatte Turin einen ganz besonderen Glanz. Einen sportlichen Glanz. Da war zum einen der Nordische Kombinierer Felix Gottwald, der für Furore sorgte. Und da waren zum anderen Thomas Morgenstern, Andi Kofler, Andreas Widhölzl und Martin Koch. Dabei begann es gar nicht so rosig.
Der erste Bewerb war das Springen auf der Normalschanze. Die vier mussten sich bei diesem Auftaktbewerb mit den Plätzen 9, 11, 17 und 23

Ein Traumsprung: Andreas Kofler übernimmt in Pragelato mit einem Flug auf 134 m die Führung, knapp vor Thomas Morgenstern.

zufrieden geben. Und das, obwohl Thomas Morgenstern nach dem ersten Durchgang noch auf Platz 2 gelegen war. Der Norweger Lars Bystøl wurde Olympiasieger vor dem Finnen Matti Hautamaeki und seinem Teamkollegen Roar Ljøkelsøy.

Sechs Tage danach stieg ich mit meinem Ko-Kommentator Armin Kogler dennoch voll Zuversicht die Metalltreppe zu unserer Kommentatorenkabine hinauf. Sie befand sich oberhalb der Zuschauertribüne im Auslauf mit seitlicher Sicht zur Schanze und zum Aufsprung. Wir waren sehr gut aufgelegt und scherzten vor Übertragungsbeginn in unserer Kabine herum, was zur Belustigung der Ü-Wagen-Besatzung beitrug. In der Kabine war nämlich eine Kamera installiert, die uns zu Übertragungsbeginn herzeigte. Was wir nicht wussten, ist, dass sie auch schon lange vorher eingeschaltet war, und unser „Aufwärmen" beim Beobachten eines Langlaufbewerbes im Monitor dürfte doch Unterhaltungswert gehabt haben, wie uns der Regisseur im Nachhinein berichtete. Als es ernst wurde und der Bewerb begann, setzte sich die gute Stimmung von Armin Kogler und mir auch in der Übertragung fort. Olympia-Entscheidungen sind immer noch emotioneller, noch spannender als Weltcupbewerbe. Olympische Spiele sind etwas ganz Besonderes, und das merkt man auch bei Kommentatoren.

Erster Durchgang. Lars Bystøl führte mit 127,5 m vor Matti Hautamaeki. Oben nur noch sieben Springer. Eine Pause. Ein Blick zu Armin Kogler. Ein Blick von ihm zu mir. Jetzt geht's um alles. Das war uns klar. Das wussten die Zuschauer. Nur noch zwei Österreicher konnten sich die Basis für eine Medaillenchance legen. Jetzt, als Nächster mit Nummer 44 Andi Kofler und dann gleich danach mit Nummer 45 Thomas Morgenstern. Jetzt mussten die Zuschauer vor Spannung zerspringen. So wie es Armin Kogler und ich in diesem Moment in der Kabine taten. Jedes Wort, jedes Geräusch, jedes Zeichen der Spannung ist in so einem Moment authentisch. Da zählen keine Statistiken mehr, keine Erfolge der Vergangenheit. Da zählen nur noch die Weite, der Vorsprung, der Rückstand, der Jubel, die Verzweiflung. Andi Kofler sprang ab, ich hatte gesagt, was zu sagen war. Jetzt lebte der Kommentar von selbst. Armin war nicht zu halten. Er sprang von seinem Sessel auf, wie wenn er selbst gerade abgesprungen wäre, bewegte sich wie ein Springer in der Luft, begleitete Andi Kofler auf seiner Luftfahrt, wie wenn es seine eigene gewesen wäre. Spätestens als der Tiroler die 120-m-Marke in bisher höchstem Luftstand überflog, wusste auch ich: Das ist ein Supersprung! Die Landung. Bei Armin und mir entlud sich die ganze Spannung und transformierte sich in formulierte Superlative. Andi Kofler übernahm mit 134 m die Führung.

Viel Zeit zum Durchatmen blieb nicht. Denn als nächster verließ Thomas Morgenstern den Balken. Auch bei ihm war schon am Schanzentisch zu

Gemeinsame Freude nach einem dramatischen Wettkampf: Thomas Morgenstern und Andreas Kofler feiern Gold und Silber, 18. Februar 2006.

Ein Superteam: Die Goldmedaillengewinner (im Uhrzeigersinn) Martin Koch, Andreas Kofler, Thomas Morgenstern und Andreas Widhölzl jubeln am 20. Februar 2006 über ihre Sprünge.

erkennen: Dieser Sprung ist von ähnlicher Qualität! Die Euphorie in der Kabine blieb auf koflerschem Level. 133 m! Thomas Morgenstern sprang um einen Meter kürzer und war Zweiter. Und so blieb der Zwischenstand auch bis zum Ende des ersten Durchgangs. Andi Kofler führte 1,8 Punkte vor Thomas Morgenstern. Lars Bystøl lag bereits fast 12 Punkte zurück. Es schien sich nur noch alles um die Frage zu drehen, welcher der beiden Österreicher Olympiasieger werden würde? Werbung. Analyse. Der zweite Durchgang. Martin Koch hatte sich nicht qualifiziert. Andi Widhölzl hatte keine Chance mehr auf einen Spitzenplatz. In Wahrheit ging es für Armin und mich nur darum, die Zeit bis zur Entscheidung möglichst spannend zu gestalten. Wer konnte sich noch verbessern? Wer fiel zurück? Wie viele Springer noch bis zur Medaillenentscheidung? Lars Bystøl war nach dem ersten Durchgang Fünfter. Es wurde ernst. Auch Armin und ich wurden ernster. Wir versuchten, die Spannung so hoch wie möglich zu halten. Welche Weite brauchte er für die Führung? Die Zuschauer sollten mitzittern, die Weite schätzen, raten, ob es sich ausging, vorne zu sein, oder nicht. 131,5 m. Das war der mit Abstand beste Sprung bisher im zweiten Durchgang. Die Führung. Konnte er mit diesem Sprung sogar nach Gold greifen? Bjørn Einar Romøren. Nur noch 4. 125,5 m. Der Norweger war weg. Armin und ich schauten uns in die Augen, bevor der Drittplatzierte des ersten Durchgangs an der Reihe war. Roar Ljøkelsøy. Konnten die Österreicher dem Angriff der Norweger standhalten? 125 m. Die skandinavischen Nerven schienen blank zu liegen. Ljøkelsøy flog damit sogar aus den Top 10 heraus! Die Medaille vor Augen. Wir zeigten kurz Mitleid. Kurz. Denn jetzt kamen die letzten zwei. Zwei Österreicher. Thomas Morgenstern und Andi Kofler. Beide hatten einen großen Vorsprung auf Lars Bystøl, den Führenden. Aber der Sprung des Norwegers war gut gewesen. Sehr gut. Armin und ich riefen noch einmal die Weite des Norwegers in Erinnerung. Wir standen beide in unserer Kabine. Es war unmöglich, sitzen zu bleiben. Thomas Morgenstern konnte es Gewissheit werden lassen: Wenn er die Führung übernimmt, gibt es Gold für Österreich. Morgenstern oder Kofler. Aber das musste er erst einmal schaffen, der 19-jährige Kärntner aus Lieserbrücke, dessen Freunde und Familie mit ihren gelben Anoraks im Zielraum aus der Fanmasse herausstachen. 131,5 m war der bisher weiteste Sprung von Lars Bystøl. Thomas Morgenstern landete bei 140 m. Punktlandung. Was in der Zeit vom Abstoß am Balken bis zur Landung bei uns in der Kabine geschah, weiß ich nicht mehr. Ich habe es nicht bewusst miterlebt. Alles lief wie von selbst. Es war ein Meer von Begeisterung. Ich weiß nur noch, dass meine Hand die von Armin Kogler traf und ich irgendwie die Information an die Zuschauer weitergab, dass soeben ein Österreicher die Goldmedaille

torino
14

torino 2006
142
FISCHER

torino
14

torino 2006
144

ATOMIC
INTER SPORT
62
ATOMIC

gewonnen hatte. Aber welcher? Andi Kofler war der Letzte. Sein Ausdruck in den Augen, die gerade in Großaufnahme zu sehen waren, war um nichts unentschlossener als jener von Thomas Morgenstern zuvor. Sein Absprung war um nichts weniger kräftig. Seine Höhe um nichts weniger hoch. Seine Weite ... sie war um einen halben Meter geringer als jene von Thomas Morgenstern. 139,5 m. Im ersten Durchgang war er um einen ganzen Meter weiter. Sollte sich das ausgehen? War Andi Kofler einer der sensationellsten Olympiasieger überhaupt? Oder war es die Sternstunde von Thomas Morgenstern? Beide standen, hockten, kauerten im Zielraum, fixierten die Anzeigetafel mit ihren Adlerblicken, bissen sich die Lippen wund, zersprangen vor Spannung. Und plötzlich brach Thomas Morgenstern in frenetischen Jubel aus. Er war um 0,1 Punkte vorn! Der kleinstmögliche Vorsprung, den es gibt! Er war Olympiasieger! Die Punkterichter hatten ihn besser bewertet als Andi Kofler. Der war der erste Gratulant. Armin und ich hatten Tränen in den Augen und ließen die Bilder sprechen.

Linke Seite: Wolfgang Loitzl holt sich am 21. Februar 2009 in Liberec den Weltmeistertitel auf der Normalschanze.

Thomas Morgenstern bereitete den österreichischen Skisprungfans noch viele schöne Momente und gab mir viele Gelegenheiten, von Rekord-Statistiken zu berichten. Sei es die Siegesserie im Jahr 2007, die für ihn mit dem Weltcup-Gesamtsieg ihren Höhepunkt fand, oder jeder einzelne der vier Weltmeistertitel, die er mit der Mannschaft gewann. Es gab jedenfalls einige Momente, in denen der immer noch blonde Kärntner mit den blau-grauen Augen getrost von sich behaupten konnte: „Ich bin der beste Skispringer auf der Welt."

Mannschaftstitel haben in Österreich eine große Bedeutung, vor allem seit Alexander Pointner Cheftrainer ist. Von Beginn an hat der Tiroler großen Wert auf Teamgeist und Mannschaftserfolge gelegt. Sein Plan ist voll aufgegangen. Nach den Mannschaftstriumphen folgten die Einzelsiege. Der Weltcupsieg von Thomas Morgenstern war der Erste seit jenem von Andi Goldberger im Jahr 1996. Damit war ein Bann gebrochen. Gregor Schlierenzauer folgte in der nächsten Saison. Wolfgang Loitzl gewann 2009 die Vierschanzentournee. Auch bei dieser traditionellen Serie hatte es eine lange sieglose Zeit der österreichischen Adler gegeben, ehe der Steirer plötzlich über sich hinauswuchs. Wolfgang Loitzl galt immer als konstanter Platz-Springer. Sein erster Weltcupsieg ließ lange auf sich warten. Er stand am Beginn eines für ihn einmaligen Jahres. Mit dem Sieg im Neujahrsspringen 2009 leitete er seinen Triumph bei der Vierschanzentournee ein. Es folgten Siege in Innsbruck, Bischofshofen und Zakopane. Damit feierte Wolfgang Loitzl alle seine bisherigen Weltcupsiege seiner Weltcup-Karriere, die 1997 in Innsbruck begonnen hatte, innerhalb von

16 Tagen. Dazu kam noch der Weltmeistertitel auf der Normalschanze von Liberec. Das alles machte ihn sogar zum Sportler des Jahres. Auch Wolfgang Loitzl hat einen Bann gebrochen. Die Vierschanzentournee schien seit Andi Widhölzls Sieg im Jahr 2000 wie verhext für österreichische Skispringer. Nach Wolfgang Loitzl schaffte es in der Saison 2009/10 Andi Kofler, die Tournee zu gewinnen. Es klingt so einfach und ist doch so schwierig. 4 Schanzen – 4 Siege? Sven Hannawald hatte damals eine Ausnahmeleistung erbracht, die nicht so bald zu wiederholen sein wird. Weltcupseriensieger wie Gregor Schlierenzauer, die im Vorhinein zu den logischen Tourneesiegern erklärt wurden, scheiterten, weil diese Tournee einfach ihre eigenen Gesetze hat. Dazu zählt auch die Wertigkeit. In Jahren von Weltmeisterschaften oder Olympischen Spielen fragen wir Journalisten die Springer gerne, was für sie heuer das Wichtigste sei: der Weltcup, die WM, die Spiele oder die Vierschanzentournee. Bei den meisten ist die Tournee zumindest gleichwertig mit Titelentscheidungen. Bei einigen sogar noch wichtiger. Das zeigt sich auch in der internationalen Berichterstattung. Sowohl bei Wolfgang Loitzls Siegessprung in Bischofshofen als auch bei jenem von Andi Kofler kam ein Kamerateam der ARD zu Andi Goldberger und mir in die Kommentatorenkabine, um uns zu filmen, wie wir den österreichischen Sieg kommentierten. Das wurde dann kurz darauf im deutschen Fernsehen ausgestrahlt, um die emotionale Wertigkeit des Tourneesiegs zu unterstreichen.
Auch Andi Goldberger ist ein Mensch, der mit seinen Ex-Springerkollegen unglaublich leidenschaftlich mitfiebern kann. Das liegt wohl daran, dass er mit den meisten noch gemeinsam gesprungen ist und immer noch springt. Denn obwohl seine aktive Karriere schon seit dem 19. März 2005 zu Ende ist, trainiert er immer noch professionell, um mit der ORF-Helmkamera für atemberaubende Bilder sorgen zu können. Überhaupt ist Andi Goldberger einer der faszinierendsten Menschen, die kenne. Vielleicht liegt das auch daran, dass er als Sportler vom Einzelkämpfer zum Teamplayer geworden ist. Vielleicht liegt es aber auch daran, dass nordische Sportler und Skispringer im Speziellen besondere Menschen sein müssen. Gregor Schlierenzauer halte ich für einen der begnadetsten Skispringer, die es jemals auf dieser Welt gegeben hat. Er hat auch schon wahnsinnig viel gewonnen. Mit 20 Jahren hat er schon mehr Weltcupsiege erreicht als der legendäre Andi Felder in seiner gesamten Karriere! Und dennoch hat er noch viele Ziele, die er noch nicht erreicht hat. Ich bin mir sicher, dass sein Weg einer der erfolgreichsten der Skisprunggeschichte werden könnte – wenn die Superadler den Erfolgsweg konsequent weitergehen, den ich von ihnen kenne. Es ist ein Weg, auf dem nicht nur Siege glänzen und Niederlagen keine Katastrophen sind. Es ist ein Weg, auf dem nicht

Ein Team, bei dem Erfolge nicht nur Einzelerfolge sind: Tourneesieger Wolfgang Loitzl wird in Bischofshofen 2009 von Gregor Schlierenzauer (3.Platz) und Simon Ammann (2.Platz) auf den Schultern getragen.

nur der Einzelsportler alleine steht. Es ist ein Weg, auf dem nicht Egoismus und Hochmut zum Ziel führen. Die Superadler sind ehrgeizige Sportler durch und durch. Und das ist gut so. Aber sie sind auch Burschen, die trotz aller Erfolge am Boden geblieben sind und nur dann abheben, wenn sie gerade mit rund 100 km/h über den Schanzentisch rasen. Sie sind authentisch. Und alle zusammen sind sie ein Team, bei dem Erfolge nicht nur Einzelerfolge sind. Österreichische Skisprung-Erfolge gehören immer ein bisschen allen österreichischen Skispringern – und Trainern – und ein bisschen immer noch auch Alois Lipburger. Warum – das könnte Toni Innauer wohl am besten erklären.

Heike Kossdorff

Der sensible Künstler
Gregor Schlierenzauer

Whistler Olympic Park, 13. Februar 2010: Gregor Schlierenzauer jubelt über Bronze auf der Normalschanze.

Rechte Seite: Held der Schanzen: Gregor Schlierenzauer bei den Österreichischen Staatsmeisterschaften in der Skisprungarena Hinzenbach, 10. Oktober 2010.

Er ist der Justin Bieber des Wintersports: Wenn Gregor Schlierenzauer, liebevoll „Schlieri" genannt, auftaucht, kreischen Teenies bis zur Erschöpfung. Und als er in einem Interview beiläufig erwähnte, dass er durchaus gerne eine Freundin hätte und nicht daran denke, ewig auf Solo-Pfaden zu wandeln, brachte diese Bemerkung Postler sowie seine Mutter und Schwester, deren Aufgabe die Beantwortung der Fan-Post ist, an den Rande des Erschöpfungszustandes.
Dabei ist „Schlieri" gar kein Popstar, kein Hollywood-Schauspieler und auch kein Super-Model, sondern heimischer Skispringer. Akteur einer Sportdisziplin also, die bisher nicht gerade durch ihren Erotik-Faktor von sich reden machte. Doch bei Gregor ist das eben anders. Der gerade mal 20 Jahre alte Tiroler mit typischer Skispringer-Schmalfigur (58 Kilogramm bei einer Körpergröße von 1,78 Metern) und dunkelblonder, gestylter Wuschelfrisur hat sich einen Stockerlplatz in den Herzen der Jugendlichen Österreichs erobert. Nicht ganz unerheblich dafür ist sicher sein Erfolg: Denn keiner gewinnt so viel und so schön wie er. Jüngster Skiflugweltmeister, 32 Weltcup-Siege, Gesamtweltcupsieger 2008/2009, Olympiasieger und zweifacher Weltmeister sind nur die wichtigsten Auszeichnungen. Die ersten Erfolge verzeichnete er noch dazu schon im zarten Alter von 16. Das bringt Extra-Beliebtheitspunkte, meint dazu der frühere Rennsportdirektor Toni Innauer: „Die Identifikation mit 17-, 18-jährigen Siegern ist eine andere. Da wird das Gefühl vermittelt: Man zeigt es den Erwachsenen. Das berührt junge Leute, wenn Gleichaltrige es schaffen, in der etablierten Welt einen Akzent zu setzen, bei dem die Erwachsenen nur so mit den Ohren schlackeln. Das würde jeder ja selber gerne machen. Und man kann sich in diese Welt eher hineinversetzen als in die Welt eines 35-jährigen Vollprofis."
Stimmt, 35 ist Gregor Schlierenzauer nicht, Vollprofi aber wohl. Schon mit neun Jahren hat er sich mit dem Skispringer-Virus infiziert. „Im September 1999 trainierte ich erstmals auf einer Mattenschanze, seitdem ist

FISCHER
FISCHER
OMV
OMV
OMV

Red Bull
Eisbär

Skispringen eine Sucht für mich", erzählt er in einem Interview mit dem Magazin *Red Bull* von seinen Anfängen.

„Als ich Gregor Schlierenzauer zum ersten Mal sah, fehlte ihm nichts, was ein zukünftiger Skispringer braucht. Er war feingliedrig, langbeinig und neun Jahre alt", erinnert sich Innauer an seine erste Begegnung im Winter 1999. „Natürlich konnte man bei den ersten Sprüngen Gregors noch nicht sehen, dass sich hier ein Genie auf den Weg macht. Aber mir gefiel die behutsame, bescheidene Art, mit der er das Springen erlernte. Er war das Gegenteil eines Angebers, er musste sich um keine Spur männlicher aufspielen, als er war, und der Mut, den er hatte, befand sich in einer guten Balance mit Vorsicht und Respekt", so Innauer in seiner Autobiographie *Am Puls des Erfolgs*.

Schlierenzauer tritt dann in den SV Innsbruck-Bergisel ein, besucht später das berühmte Skigymnasium Stams.

In den Herzen der Fans hat Gregor Schlierenzauer seinen Stockerlplatz sicher. Im Bild oben bei einer Pressekonferenz in Oberstdorf am 21. Februar 2008, links bei einem Pressetermin in Sapporo 2007.

Nachfolgende Doppelseite: Gregor Schlierenzauer bei seinem dritten Wertungssprung im Rahmen der Weltmeisterschaft im Skifliegen in Planica, 20. März 2010.

Im März 2006 debütiert er beim Weltcup von Oslo und springt auf Anhieb in die Punkteränge.

„Gregor war ein toller Lernender. Er war froh, Anregungen für Details an seinem Sprung zu bekommen, und merkte staunend, wie sich schon winzige Verbesserungen auf das Ergebnis auswirkten. Sein großes Talent bestand darin, vorhandene Kräfte ausnützen zu können. Er legte intuitiv Wert auf eine blitzsaubere Technik, und er überzog selten, was er schon konnte, weil er nicht auf seinen Ehrgeiz hineinfiel. Gregor war für uns Trainer ein Medium. Sobald wir die Vorstellung hatten, dass er reif für die nächste Dimension des Springens sein könnte, setzte er nach einem kurzen Gespräch und den dazugehörigen Imitationsübungen die Bewegungen auf der Schanze in die Tat um, und sie gerieten so, wie wir uns das vorgestellt hatten, oder sie waren sogar besser", schwärmt Innauer.

Trotz vollen Einsatzes für den Sport bleibt Schlierenzauer an der Schule und macht im Juli 2009 seinen Abschluss. Ein Schulabbruch ist ihm nie in den Sinn gekommen: „Die Schule hatte viele Vorteile. Zum Beispiel lernst du dort Demut. Hier in Stams bin ich mit Gleichaltrigen zusammen, die noch nicht den Erfolg hatten. Ich sehe, wie sie für den Erfolg kämpfen. Das lässt einen auf den Boden kommen", so Schlieri nach erfolgreichem Schulabschluss.

Wirklich in Gefahr gekommen, die Bodenhaftung abseits des Sports zu verlieren, ist Schlierenzauer aber ohnehin nie. „Meine Familie zu Hause holt mich immer wieder auf den Boden. Das ist sehr wichtig für mich,

FISCHER

OMV
OMV
ERSTDORF
LIQUI MOLY

dass ich ein paar Stunden für mich allein habe, damit ich mit vollen Energietanks in den nächsten Weltcup starten kann. Zu Hause kann ich perfekt abschalten", erzählt Schlierenzauer immer wieder in Interviews. Seine Eltern Paul und Angelika sorgen für Normalität und vermitteln ihrem Sohn Gelassenheit. „Du musst es nur erwarten können", lautet etwa einer ihrer Stehsätze.

Auch Toni Innauer konnte Einblick in das Familiengefüge der Schlierenzauers nehmen, ist doch sein Sohn Mario nicht nur gleich alt, sondern auch der beste Freund von Gregor. „Gregor war das empfindlichere Kind als Mario, und seine Mutter begegnete ihm mit tiefem Verständnis. Sie machte dem Buben vor allem klar, dass er sich nicht verstellen musste – sie würde ihn sowieso auffangen. Wenn Gregor nicht gewann, brach eine Welt für ihn zusammen. Er weinte nach jedem Wettkampf, den er nicht als Sieger beendete. Aber er musste sich von seinen Eltern nie anhören, dass sich das nicht gehört. Er wurde jahrelang mit tiefer Zuneigung getröstet, und ich beneidete ihn fast um die Bedingungslosigkeit, mit der er sich verletzlich und traurig zeigen durfte", erzählt der frühere ÖSV-Direktor in seinem Buch. Mit der Zeit wandelte sich die Familie zum „professionellen Betreuungs-Clan, der sich jetzt Tag und Nacht mit allen Facetten der möglichst professionellen Begleitung des Buben widmete".

Auch den nötigen Sportsgeist hat der junge Ausnahmeathlet in seinem nächsten Umfeld schon früh vermittelt bekommen. Stammt er doch aus einer regelrechten Sportlerfamilie. So ist sein Vater Paul früher alpine Schüler-Skirennen gegen Harti Weirather gefahren, bevor er sein Glück als Profi in Amerika gesucht hat. Und sein Onkel ist Markus Prock. Der zweifache Rodel-Ex-Weltmeister fungiert auch als sein Manager und vermittelt seinem Schützling die Quintessenz eines Sportlerlebens aus eigener Erfahrung. „Er weiß, worauf es im Spitzensport ankommt. Er ist für mich nicht ein Manager, der nur Sponsoren aufreißt, sondern einer, mit dem man über Gott und die Welt reden kann", so Schlieri. Von Prock wird er auch mit Sportler-Lebensweisheiten wie „Genieße, wenn du auf dem Stockerl stehst, aber wenn du runtersteigst, stehst du wieder im Dreck" oder „Wenn du am Podest bist, arbeiten die anderen schon am nächsten Erfolg" versorgt. Schlierenzauer weiß also, wie schnell man es nach oben schaffen kann. Aber eben auch, wie schnell es oft wieder die Erfolgsleiter nach unten geht.

Aber natürlich ist er am liebsten oben. Und gibt dafür auch alles. „Es ist toll, weil das heißt, du warst über die ganze Saison der Beste", meinte er etwa, nachdem er zum ersten Mal den Gesamt-Weltcup gewonnen hatte. Was macht den Tiroler Burschen aber nun zum Besten? Begibt man sich auf Spurensuche, findet man eine Kombination aus seiner Persönlichkeit,

Linke Seite: Keiner gewinnt so viel und so schön wie er: Skiflug-Weltmeister Gregor Schlierenzauer auf dem Weg zur Siegerehrung nach dem Finalsprung auf der Heini-Klopfer-Flugschanze in Oberstdorf, 23. Februar 2008.

Oben: Ausflug zum Beachvolleyball: Gregor Schlierenzauer am Centercourt des Grand-Slam-Turniers in Klagenfurt am 1. August 2010. Die ÖSV-Adler spielen hier im Rahmen der „Volksbank Beachchallenge 2010" für einen guten Zweck.

Schlierenzauer-Fans bei der Skiflug-WM in Planica, 20. März 2010.

mentaler Stärke und einer großen Portion Talent – das alles gipfelnd in einer sensiblen Künstlerseele …

So meint etwa sein Ex-Trainer Werner Schuster in einem Zeitungsinterview: „Die Arbeit mit Gregor war ein Privileg, aber auch nicht immer ganz einfach. Er ist ein Sportler, der seinen Trainer aufs Äußerste fordert, der auch widerspricht. Und er war erstaunlich selbstkritisch für sein Alter. Er war nie zufrieden." Pointner beschreibt ihn als „sehr ruhig ... Er denkt sehr viel über Sachen nach. Er trifft auch mit einem irrsinnigen Gefühl Entscheidungen. Er spürt sich selbst viel mehr als manch anderer. Er ist ein gefühlsbetonter Mensch, der nicht ein starres Konzept sucht, sondern mit allen Situationen zurechtkommt."

Und Volker Schmid, Geschäftsführer der Vermarktungsagentur APF, sieht Schlierenzauer gar mit dem Potenzial von Ex-Adler Andreas Goldberger ausgestattet: „Der Bursch kann in die gleichen Sphären vorstoßen, die Ausstrahlung hätte er."

Mentale Stärke ist ein weiteres Mosaikstück im Erfolgs-Paket von Schlierenzauer. „Skispringen ist besonders kopflastig. Deswegen haben wir extra Mentalbetreuer beim ÖSV. Die zeigen uns bestimmte Verfahren, wie ein Springer sich am besten motivieren kann oder an einem Weltcup-Ort auftreten soll. Da gibt es schon ein paar gute Schmähs", erzählt er offen den Journalisten. Was auch hilft, ist sein Hobby Pokern. „Vor einem Sprung gehört ein wenig Bluffen dazu. Ein Pokerface kann da nicht schaden", sagt er dem Magazin *News*.

Für Toni Innauer ist sein Sprung-Ass ein „begnadeter Künstler". „Ich behaupte, dass Skispringen eine Kunstform des Sports ist. Insofern ist Schlierenzauer ein Künstler, dem es nicht zu mühsam war, die handwerklichen Fähigkeiten zu erarbeiten. Die Basics sind auf einem kaum mehr zu überbietenden Niveau. Und dann ist er eine Person, die diese Bauteile

zu einem Gesamtbild zusammenfügt. Wie eben ein guter Künstler, der Farben hat, eine Leinwand und eine Vorstellung – und das setzt er dann um. Er geht mit seinen Möglichkeiten herausragend um. Das ist der Punkt. Es gibt auch andere gute Künstler. Die haben halt vielleicht weniger Farben auf ihrer Palette."

Und noch ein Sieg: Gregor Schlierenzauer bei seinem Triumph in Zakopane am 17. Jänner 2009.

Gregor Schlierenzauer und ÖSV-Präsident Peter Schröcksnadel freuen sich über die beiden Bronzemedaillen, 20. Februar 2010, Österreich-Haus in Whistler Mountain.

Weniger philosophisch beschreibt sich Schlieri selbst: „ Ich habe viel Talent, bin ein gewissenhafter Trainierer und besitze die notwendige Lockerheit. Und: Ich liebe das Skifliegen, ich spiele mit der Luft."

Aber auch die beiden „Hardfacts" Figur und Technik passen bei Schlierenzauer. So ist „Schlieri" schmalschultrig und feingliedrig und leicht. Und zwar bis heute, was Innauer sehr positiv überrascht: „Sein Onkel, der ehemalige Rodler Markus Prock, ist ein Henker von einem Mannsbild, und Vater Paul ist auch kein Hendl. Ich war mir fast sicher gewesen, dass es in seiner körperlichen Entwicklung den Moment geben würde, wo Gregor an Gewicht zulegen und so athletisch werden würde, dass er nicht mehr wie ein Vogel vom Hang wegfliegen kann. Aber dieser Moment blieb aus. Gregor wuchs dem Mario deutlich über den Kopf, behielt aber, das war eine Überraschung, einen knabenhaften Körper wie Andreas Goldberger. Aber im Gegensatz zu Goldi besitzt Gregor eine Muskelfaserstruktur, die seinen sehr langen Beinen eine bemerkenswerte Schnellkraft verleiht."

Nebst perfekter Flug-Figur kommt Schlierenzauers Technik zum Tragen. „Gregor ist für sein Alter schon sehr weit, er hat eine ausgereifte Technik und ein hervorragendes Gefühl in der Luft", lobt der österreichische Cheftrainer Alexander Pointner. Und Innauer meint: „Er bringt eine Hochbegabung für den Sport mit, er springt außerirdisch." Manager Prock beschreibt ihn als absoluten Profi. Das beginne bei der Ernährung, der Einstellung zum Sport. „Er macht einfach alles gewissenhaft."

„Ich kann mich an nicht mehr als zwei Stürze erinnern, die Gregor Schlierenzauer in seiner Karriere widerfuhren", erzählt dazu Innauer. „Andere Sportler haben ihr Skispringerleben mit einer Brezn beginnen müssen, wie zum Beispiel ich, oder die ersten Höhenflüge mit gewaltigen Ab-

stürzen beendet, wie Thomas Morgenstern. Die Stürze waren Kollateralschäden. Wir wollten um jeden Preis etwas Außergewöhnliches leisten, und dieser Preis wurde fällig. Gregor hatte eine andere Strategie, um sich ans Limit heranzubewegen. Er agierte von Beginn an tastend, vorsichtig, um dann geschmeidig und schnell dorthin zu kommen, wohin er wollte."
„Wie ein Wasserläufer", beschreibt Gregor selbst sehr bildhaft seine Technik. Oder wie der frühere ÖSV-Sportdirektor sagt: „Die Tragflächen der Sprungski verwendet er vom Tisch weg wie Segel und Antennen zugleich. Er spürt mit den Skiern und sucht den Optimalbereich zwischen Widerstand und Auftrieb."
Dabei hat Schlierenzauer ein Handicap mitbekommen, das eine Karriere im Skisprung-Sektor nicht grade wahrscheinlich machte – er ist nämlich von Geburt an auf dem rechten Ohr taub. „Es ist sehr ungewöhnlich, dass

Der „begnadete Künstler" (Toni Innauer) in Aktion: Gregor Schlierenzauer beim vierten Wertungssprung im Rahmen der Skiflug-WM in Planica, 20. März 2010.

Der Mann, der mit der Luft spielt: Gregor Schlierenzauer am Bergisel, 3. Jänner 2010.

ich keine Gleichgewichtsprobleme habe", erzählt der Sportler freimütig. „Der Doktor hat mir das so erklärt, dass das wohl daran liegt, dass ich von Geburt an taub bin. Deswegen hat sich das Gehirn darauf eingestellt. Das ist natürlich ein Wunder, das ich sehr schätze." Und das Österreich seinen liebsten Wintersportler gleich nach Hermann Maier beschert.
Etwaige Probleme mit seinen Kollegen und Konkurrenten hat Innauer gleich von Anfang an abgefangen: „Ich habe allen gesagt, dass Schlierenzauer kein arroganter Kerl ist, der einen nicht anschaut, wenn man grüßt,

sondern dass er auf dem rechten Ohr taub ist und den Gruß nicht gehört hat. Es war wichtig diese Missverständnisse rechtzeitig auszuräumen. Ich wusste ja, wie sensibel der Gregor ist."

Abseits des Athletenalltags ist Schlierenzauer nicht nur erfolgreich, ein Mega-Talent und ein sensibler Sportler, sondern vor allem ein normaler junger Bursch mit vielen Interessen und Talenten, wie Fotografie, Mode, Kochen und natürlich Mädchen.

Kochen hat er in der Schule gelernt und kann laut eigener Aussage „alles

Ein Kuss für die Kristallkugel: Gregor Schlierenzauer gewinnt den Skiflug-Weltcup, Planica, 22. März 2009.

zubereiten". Auch wenn für einen Skispringer, die ja meist aussehen, als würden sie am Rande einer Magersucht stehen, Kochen ein masochistisches Hobby zu sein scheint, trifft das auf Schlierenzauer nicht zu. Der hat nämlich – wie er selbst meint – „sehr großes Glück". „Ich habe eine gute Veranlagung von meinen Eltern vererbt bekommen. Ich kann relativ alles essen, ohne groß zuzunehmen. Das ist natürlich ein großer Vorteil. Denn ich wäre nie bereit, brutal abzuhungern oder eine brutale Diät einzuschieben, weil ich dafür viel zu gern esse und lebe."

Auch bei Mode will der Tiroler nicht nur konsumieren, sondern schöpferisch sein. Und so hat er für seine „gs apparel collection" erste Sachen selbst entworfen. Die Lifestyle-Mode, die man über seine Homepage erwerben kann, soll „nicht in die normalen Stile reinfallen und Kleidung für die Altersgruppe der Zehn- bis 60-Jährigen sein".

Zumindest fotografieren könnte er seine Fashion-Sujets selbst, ist doch die Fotografie seine zweite große Leidenschaft. Den Reiz, den das Spiel mit der Kamera auf ihn ausübt, hat er dem Männermagazin *Wiener* beschrieben. „Man nimmt die Dinge irgendwie anders wahr und sucht nach kleinen Details, auf die man sonst gar nicht achten würde. Das finde ich cool. Die kleinen Dinge machen ein Bild erst interessant. Und der Kopf wird beim Fotografieren einfach frei, weil man alles um sich herum ausblendet." Dabei hilft das Fotografieren natürlich auch dabei, „vom Sport wegzukommen". Schlierenzauer: „Es taugt mir, wenn die Fans nicht nur den Skispringer in mir sehen. Wenn sie nicht nur wissen, dass ich gerade in Oslo bin, sondern auch die anderen Eindrücke aus der Stadt mitbekommen – eben meine Fotostorys auf der Homepage. Es gehört ja viel mehr zum Sport dazu: Wie kommt man zum Wettkampfort? Was isst man? Und so weiter. Das alles möchte ich mit den Fotos zeigen." Und so können seine Fans an seiner Leidenschaft, die „mittlerweile schon fast eine Sucht ist", Anteil nehmen. „Ich will zum Beispiel dieses Jahr ein PDF-Magazin auf meiner Homepage veröffentlichen."

Porträtieren würde der Fotograf mit Ambitionen übrigens am liebsten Heidi Klum. „Ich möchte ein Model haben, das weltbekannt ist und schon zigtausende Foto-Shootings mit den besten Fotografen der Welt gehabt hat. Sich da zu behaupten, tät' mir schon taugen", so Schlierenzauer.

Doch das Interesse an Heidi Klum ist nicht nur professioneller Art – in vielen Interviews hat er sie auch als seine Traumfrau bezeichnet. Das zeigt, dass auch sensible Männer vor Supermodels nicht gefeit sind …

Mittlerweile dürfte der jahrelange Single allerdings ohnehin vergeben sein. Glaubt man den Boulevardmedien, dann hat Schlierenzauer spätestens seit August 2010 eine Freundin. Beim Beachvolleyball-Turnier in Klagenfurt, zu dem einige Springer samt Trainer Alex Pointner angereist

Gemeinsam erfolgreich: ÖSV-Cheftrainer Alex Pointner (r.) streift Gregor Schlierenzauer das Gelbe Trikot des Weltcupführenden über. Whistler Olympic Park, 24. Jänner 2009.

Der Rivalen-Streit mit Thomas Morgenstern ist längst beigelegt: gemeinsamer Fototermin in Wien 2006.

waren, präsentierte Gregor erstmals seine blonde Sandra der Öffentlichkeit. Kommentar gibt es jedoch keinen dazu. Ob aus Rücksicht auf die junge Beziehung oder um die weiblichen Fans nicht vor den Kopf zu stoßen – das kennt man ja von Teenie-Stars. Bei den Partys in Klagenfurt soll auf jeden Fall ausgiebig gefeiert worden sein und laut Insidern gilt seine Beziehung in Sportlerkreisen als offenes Geheimnis. Auf die Qualitäten seiner Freundin in spe angesprochen, hat sie Schlierenzauer immer so beschrieben: „Sie muss bodenständig und natürlich sein. Was ich sicher nicht brauche, ist so eine aufgeblasene Tussi mit Lederhandtaschl." Wie auch immer sein Beziehungs-Status letztendlich wirklich ist – Gregor weiß genau, wo seine Prioritäten liegen: „Natürlich wünscht man sich auch mal mehr lockere Zeit, möchte einfach mit Freunden ausgehen oder mit einer Freundin wohin fahren. Aber ich weiß, ich bin einer der besten Skispringer und der Sport ist jetzt das Wichtigste", so der Superadler 2009 zum *Neuen Volksblatt*.

Abseits vom professionellen Denken, unterscheidet sich Schlierenzauer trotz „normaler" jugendlicher Vorlieben von seinen Altersgenossen. Erstens wird es ihm durch seinen Promi-Status ermöglicht, seine Wünsche, wie etwa Modedesign, auch umzusetzen. Und zweitens muss er sich keine Gedanken ums Finanzielle machen.

Auch wenn Schlierenzauer geschickt den Faktor Geld in Interviews umgeht: So gibt er stets an, nicht zu wissen, wie viel Preisgeld er bekommen hat. „Ich schaue nur auf meine sportliche Leistung. Und wenn ich Erfolg bei einem Springen und eine Gänsehaut hatte, dann passt's. Alles andere ist eine schöne Nebensache. Aber es ist gut zu wissen, dass man für die Zukunft abgesichert ist." Und als er vom Männermagazin *Wiener* gefragt

Spaß im Rahmen des Beachvolleyball-Turniers in Klagenfurt: bei einer „Liftfahrt“ mit Thomas Morgenstern, 1. August 2009.

wird, ob er vielleicht noch nicht realisiert hat, dass er reich ist, antwortet er: „Also reich bin ich einmal ganz sicher nicht. Ich bin mit 20 Jahren sicherlich nicht mehr so finanziell abhängig. Das ist ein sehr schönes und beruhigendes Gefühl. Auf der anderen Seite bin ich auch stolz darauf, weil ich mir das alles selber erarbeitet habe, weil harte Arbeit dahinter steckt. Es gibt ja auch Leute, die nicht arbeiten und von Zuhause viel Geld zugesteckt bekommen.“ Aber nach wie vor, so betont der 20-Jährige, sei es sein Ziel, zu gewinnen und nicht „zu schauen, wo's das meiste Preisgeld gibt“.

Ob sein Nicht-Wissen um seine finanzielle Situation die Wahrheit ist oder einfach eine mediengerechte Antwort, sei dahingestellt. Tatsache ist, dass das Sprung-Ass in den Jahren der Profi-Karriere auch im Umgang mit den Medien enorm dazugelernt hat. „Mittlerweile bin ich den Rummel gewohnt. Bei mir ist es halt ein wenig extremer. Aber ich habe kein Problem

Die Silbermedaille hinter Simon Ammann ist geschafft: Jubel nach dem vierten Wertungssprung bei der Skiflug-WM in Planica am 20. März 2010.

damit, weil ich für diese Anerkennung hart arbeite."

Routiniert ist der Fulpmer inzwischen auch schon bei der Journalisten-Lieblingsfrage nach der internen Konkurrenz. So ist der Rivalen-Streit mit Thomas Morgenstern natürlich längst beigelegt, „alles ausgesprochen" und „mittlerweile sind wir gute Freunde".

Bleibt die Frage, was jemand, der in so jungen Jahren schon so viel erreicht hat, noch will vom Sport und vom Leben.

Da überrascht der sonst so zurückgenommene Schlierenzauer mit einer echten Popstar-Ansage: „Ich will eine Ikone werden." Im Gespräch mit Andreas Rottenschlager vom *Wiener* präzisiert er sein Wunschbild: „Eine Ikone ist jemand, der den Raum betritt und eine tolle Atmosphäre verbreitet. Bei dem man weiß, der ist etwas Besonderes. Einer, der sich Respekt erarbeitet und etwas Besonderes geleistet hat, das es noch nie vorher gegeben hat. Ein Mensch, über den die Leute noch in zwanzig Jahren sagen: ‚Der war ein Wahnsinn'."

Zumindest sein treuester Fan wird das wahrscheinlich über ihn sagen. Beschreibt doch seine Mutter Angelika Schlierenzauer die Momente während seiner Sprünge folgendermaßen: „Wenn wir live dabei sind an der Schanze, verspüren wir alle ein Glücksgefühl. Das ist etwas Unbeschreibliches."

Red Bull

Heike Kossdorff

Der emotionale Entertainer
Thomas Morgenstern

Ein „Wahnsinnstalent" (Stefan Horngacher) und Vollprofi: Thomas Morgenstern.

Rechte Seite: Ein Liebling der Fans: „Morgi" bei einem Weltcupspringen in Willingen.

„Goldbergers Nachfolger", „Junger Hüpfer auf dem Weg ganz an die Spitze", „Überflieger sucht den Boden" oder „Die breiten Flügel des Babyadlers" – das sind nur einige der Zeitungs-Schlagzeilen, die 2003 die größte heimische Skisprung-Hoffnung nach Andreas Goldberger bejubelten. Der „Jungadler" oder „Das Spring-Küken" Thomas Morgenstern ist 16 Jahre alt, als seine Sieges-Serie Österreich plötzlich wieder zu einer einzig großen Fangemeinde der Wintersport-Disziplin macht.
Und Morgenstern macht es seinen Fans leicht. Nicht nur, dass er eine sportliche Höchstleistung nach der anderen erbringt, vor allem seine Unbekümmertheit, sein lockeres Drauflosplaudern und sein Kärntner Charme Marke „Spitzbub" sorgen für Begeisterung.

Einige Jahre später macht ein anderer „Jung-Adler" Morgenstern den Status als jüngster Talentierter streitig. Mit Gregor Schlierenzauer hat das ÖSV-Springer-Team nun einen Konkurrenten für seinen Star „Morgi" in den eigenen Reihen. Die Geschichte der beiden zeigt aber bald, dass die Attribute „jung" und „extrem talentiert" alles sind, was sie gemeinsam haben.
Entdeckt wird „Morgi" als Teenager und damals von Trainern mit Weitblick seiner eigentlichen Disziplin Alpinrennen quasi abgejagt. „Wir haben ihn wie ein Wildpferd eingefangen", erzählt der frühere ÖSV-Sportdirektor Toni Innauer. Denn Thomas wollte Alpinrennläufer werden wie sein Onkel Alois, der 1976 in Innsbruck Olympia-Siebenter im Slalom war. Doch der Skisprung-Virus, mit dem er als Neunjähriger beim Toni-Innauer-Skifest in Bad Kleinkirchheim infiziert worden ist, lässt ihn nicht ganz los, mit 14 Jahren entscheidet sich Morgenstern endgültig für diesen Sport. „Mich haben schon beim Skifahren in erster Linie die Buckel interessiert. Meinen ersten Sprung hab ich auf einer selbst gebauten Schanze absolviert, da war ich neun Jahre alt", erinnert sich das Sprung-Ass.
Dass er Profi-Sportler wird – in welcher Disziplin auch immer –, war

Red Bull
A1
OMV
WARSTEIN
56

Ein sympathischer Blondschopf aus Kärnten, der mit 16 sein erstes Springen gewinnt.

Morgenstern fast schon genetisch bestimmt. Kommt er doch aus einer absoluten Sportler-Familie. Der schon erwähnte Onkel Alois coacht nach der Skifahrerkarriere den Regionalliga-Fußballklub Spittal. Die Cousins des Jungadlers, Christoph und Martin Morgenstern, kicken beim Erstligisten FC Lustenau. „Sport ist bei uns zu Hause Trumpf", bringt es Morgi auf den Punkt.

Wie ausnehmend talentiert er ist, zeigt der junge Kärntner gleich in seiner ersten Profi-Saison 2002/2003. Bereits zum Start seiner Karriere, nämlich im Jänner 2003, liefert er die erste „Baby-Adler"-Sensation: In Liberec feiert er als zweitjüngster Springer aller Zeiten seinen ersten Weltcupsieg.

Der Weg dorthin: 131 Meter im ersten Durchgang und ein souveräner 129-m-Sprung im Finale sichern ihm den ungefährdeten Sieg. Und es gefällt ihm: „Ich hätte nie gedacht, dass ich schon mit 16 gewinnen kann", zeigt sich der Jung-Adler überrascht. Angetan ist er auch vom plötzlichen Medieninteresse an seiner Person. „Es macht Spaß, interessant zu sein." Und ihn dürstet schon nach mehr: „Ich bin noch jung, alles geht irgendwie von alleine. Außerdem habe ich absolut nichts zu verlieren. Ich kann eigentlich nur gewinnen." Und auch Innauer sieht das ähnlich: „Wir wollen die Feste feiern, wie sie fallen. Es wäre eigenartig, wenn wir ihn jetzt zurückhalten würden. Bei ihm geht halt alles sehr schnell."
Dass Morgi, auch wenn noch so ein Ausnahmetalent, sehr wohl was zu verlieren hat, zeigt ein Ereignis zehn Monate nach diesem ersten Sensations-Erfolg. Da stürzt der junge Springer nämlich dramatisch beim Weltcupspringen in Kuusamo. In seinem Buch *Am Puls des Erfolgs* beschreibt das Toni Innauer so: „Es fegt ein böiger Wind über die Schanze von Kuusamo. Die Jury ist der Meinung, dass die Bedingungen regulär

Goldfeier im Österreich-Haus nach dem Teamspringen auf der 100-K-Schanze am 20. Februar 2005 in Oberstdorf: Thomas Morgenstern mit Betreuern, Trainern und ÖSV-Vizepräsident Anton Leykam (links).

Red Bull
Tirol
Tirol
MORGI
MORGI

sind. Die routinierten Athleten wittern die Gefahr, sie gehen auf Nummer sicher. Martin Höllwarth begnügt sich ebenso wie der Finne Janne Ahonen mit einem Sicherheitssprung. Dann ist Thomas Morgenstern an der Reihe. Morgenstern ist 17 Jahre alt und der Überflieger unserer Mannschaft. Er ist hungrig. Er ist mutig. Seine Sensoren für die Luftfahrt funktionieren perfekt, aber seine Sensoren für das Risiko sind stillgelegt. Er gleitet in Todesverachtung in die Spur, entschlossen, mit vollem Risiko auf Weitenjagd zu gehen, auch wenn der Wind bläst wie verrückt. Nach dem Absprung erfasst ihn eine Bö. Morgenstern überschlägt sich abrupt, wie ein Falke, der aus dem ruhigen Gleitflug plötzlich eine Amsel schlägt. Er prallt mit dem Rücken auf den Boden, rutscht den Auslauf hinunter und bleibt im Flachen regungslos liegen. Uns stockt der Atem."

Entgegen allen Befürchtungen übersteht der 17-Jährige den Sturz ohne Knochenbrüche. Trotz massiver Schmerzen – „mein Körper fühlt sich an, als wäre ich unter eine Pistenraupe gekommen" – scherzt Morgi schon wieder vom Krankenbett. So entgegnet er einem Journalisten auf die Bemerkung, dass die Bilder an den Sturz von Hermann Maier in Nagano erinnern, mit der Aussage: „Wenn ich jetzt auch Olympiasieger werde, kann ich damit leben." Und seine Erklärung für den eigentlich glimpflichen Ausgang: „Ein Morgenstern bricht sich nichts. In unserer Familie erlitten weder mein Eltern noch meine Schwestern jemals einen Bruch." Und obwohl er weiß, dass er „tausend Schutzengel" hatte, zeigt er sich ganz schön abgebrüht für sein Alter und das doch sehr einschneidende Erlebnis. So meint er, nachdem er sich seinen Sturz auf Video angeschaut hat: „Es war beeindruckend, als ich dann fast regungslos liegen geblieben bin. Das war wirklich spektakulär. Ich verstehe, dass es die Leute nicht kalt gelassen hat. Aber für mich ist das abgehakt, es gab wenig zu verarbeiten, ich benötigte auch keine psychologische Betreuung." Und ein Pausieren oder gar Aufgeben käme ihm nicht einmal in den Sinn. „Ich habe den Sport nie infrage gestellt. Ein Koch, der sich am Herd die Finger verbrennt, macht auch weiter. Das ist Berufsrisiko. Man weiß ja, was man tut."

Ähnlich sieht es auch sein Trainer Stefan Horngacher: „Thomas ist ein Wahnsinnstalent. Man darf den Unfall nicht dramatisieren. Der war einmal, aus und vorbei. Es gibt sicher Athleten, die damit nicht so schnell klarkommen. Morgenstern zählt aber nicht zu dieser Spezies." Und er behält Recht. Exakt einen Monat nach seinem furchtbaren Sturz in Kuusamo schafft Morgenstern ein glänzendes Comeback. „Ich hab schon in der Luft lachen müssen", meint er wieder gewohnt flapsig. „Mir taugt es einfach wieder."

Thomas Morgenstern hat also schon früh erfahren, wie nah Sieg und

Thomas Morgenstern bei einem Trainingssprung in Planica, 2010.

Nachfolgende Doppelseite:
Thomas Morgenstern bei seinem ersten Sprung auf der Großschanze im Whistler Olympic Park, 20. Jänner 2010.

FISCHER

48

Niederlage, Höhenflug und Absturz liegen. Anders als etwa Gregor Schlierenzauer, der noch nie eine wirkliche sportliche Enttäuschung erleben musste. Morgenstern kann dieser durchwachsenen Karriere aber durchaus Positives abgewinnen: „Es war nicht immer einfach für mich. Aber so schmerzhaft ich es manchmal empfunden habe, nicht ganz oben zu stehen: Ich sehe diese Erfahrung im Nachhinein sehr positiv. Es sind oft die Niederlagen, die einen Sportler reifen lassen.“
Wie etwa auch die schlechte Saison 2008/09. Da muss Thomas Morgenstern, der im Vorjahr noch als großer Favorit in die Vierschanzentournee gegangen ist, als Außenseiter in Oberstdorf starten. Ein Umstand, der ihn Erklärungen suchen lässt: „Ich habe nach meinen Seriensiegen falsche Maßstäbe gesetzt. Gepusht von den Medien, hab ich nur noch von Siegen gesprochen. Zweite Plätze waren Pleiten und ich hab krampfhaft nach Erklärungen gesucht, wenn ich den Schanzenrekord irgendwo nicht gebrochen hab. Mir hat der Respekt vor den Konkurrenten gefehlt.“ Heute weiß er: „Es geht nicht nur um Rekorde und Gold.“
Eine wichtige Erkenntnis, dennoch kann er ordentlich leiden, wenn es nicht so läuft, wie er sich vorgestellt oder gewünscht hat. Etwa im Februar 2009, als er auf der Normalschanze in Liberec gestürzt ist. Zum ersten Mal sieht man den sonst immer so fröhlichen Morgenstern in aller

Unten: Zeit für ein Erinnerungsfoto: unterwegs mit einer geborgten Kamera an der Schattenbergschanze in Oberstdorf, 28. Dezember 2008.

Rechte Seite: Siege und Niederlagen liegen eng beieinander: Sturz im zweiten Durchgang des Bewerbs auf der Normalschanze in Liberec, WM 2009.

INTER
SPORT
61

ATOMIC
ATOMIC

Thomas Morgenstern „lebt das Skispringen" (Alexander Pointner): „Morgis" Sprung zum Tagessieg in Bischofshofen am 6. Jänner 2006.

Öffentlichkeit weinen. „Als der linke Ski über den rechten Ski drübergekreuzt ist, ist in mir ein Traum regelrecht zerplatzt, da ist eine Welt zusammengebrochen. Das schlimmste Gefühl war der Weg zum Exit-Gate", erzählt er danach den Journalisten. „Am liebsten hätte ich auf eine Rückspultaste gedrückt, um alles rückgängig zu machen. Aber ich habe die Taste leider nicht gefunden." Dennoch kommt nach wenigen Minuten der Nachsatz: „Aber man muss an seine Ziele glauben, ich blicke in die Zukunft."

Und die hat ihm jetzt schon unglaubliche Momente und große Siege beschert. Ein Jahr nach diesem „zerplatzen Traum" hat er nicht nur das Abschlussspringen der Vierschanzentournee in Bischofshofen für sich entschieden, sondern sich bei den Olympischen Spielen in Vancouver seine dritte Goldmedaille abgeholt. Damit ist er gemeinsam mit Toni Sailer der erfolgreichste Olympiateilnehmer Österreichs – und laut heimischen Journalisten eine „Legende". Eine Bezeichnung, die Morgi in Interviews bescheiden zurückweist: „Sailer ist in Österreich eine Legende, zu der ich immer aufschauen werde, auch falls ich einmal eine vierte Goldene gewinnen sollte. Für mich hat Sailer etwas ganz Großes für Österreich geleistet, zu einer anderen Zeit und unter ganz anderen Umständen. Da sollte man nicht hergehen und sagen, dass man nun mit dieser Legende auf einer Ebene steht."

Morgensterns Bescheidenheit in Ehren – die Leistung lässt sich nicht leugnen. Welche Eigenschaften bringt der junge Kärntner aber mit, um so siegen zu können?

Laut ÖSV-Cheftrainer Alexander Pointner „will Morgenstern alles wissen, arbeitet hart und geht mit dem Kopf durch die Wand". Der österreichische Kotrainer Marc Nölke meint, dass „beim Morgi viel über Emotion und über die Gefühlsebene läuft. Er braucht seinen Flow, dann kriegt das Springen für ihn eine Eigendynamik." Und Konkurrent Gregor Schlierenzauer sagt: „Morgi analysiert nicht viel, er vertraut seinen Fähigkeiten."

Und die hat er bewiesenermaßen. Nach seiner erfolgreichen Saison 2007/2008 meint etwa Alexander Pointner: „Morgenstern springt jetzt nicht nur Ski, er lebt das Skispringen – und das mit einer ungeheuren Coolness." Und: „Thomas ist nicht vom Weg abgewichen. So eine Zielstrebigkeit habe ich selten beobachtet." Toni Innauer, der frühere Sportdirektor des ÖSV, erklärt das Phänomen so: „Morgenstern hat alle Ängste verloren. Er springt hemmungslos drauflos." Und auch er meint: „Er ist am coolsten."

Cool ist Morgenstern auch im Kopf – dank Mentaltraining. „Es spielt sich fast alles im Kopf ab. Wenn du im Kopf super drauf bist, brauchst du auch keinen perfekten Wind", analysiert der junge Kärntner in einem Zeitungs-

Herbstlicher Auftakt zu einer neuen Saison: Thomas Morgenstern holt sich bei den Österreichischen Staatsmeisterschaften in Bischofshofen den Titel auf der Großschanze, 8. Oktober 2010.

interview. „Das Problem ist ja: Sobald es einmal nicht mehr hundertprozentig läuft, fängst du an zu grübeln. Aber mit Denken kommst du im Springen keinen Schritt vorwärts. Das musst du ausschalten." Als Beispiel führt er die Olympischen Spiele von Turin an. „Ich hatte in Turin die schlechtesten Kraftwerte der ganzen Saison, trotzdem habe ich Gold geholt. Weil ich mir gesagt habe: Die Werte sind wurscht, und der Wind ist mir jetzt auch wurscht." Ähnlich „wurscht" ist ihm, wenn sein Vorspringer eine tolle Weite hinlegt. „Wenn vor mir der Malysz 130 Meter springt, dann habe ich im Kopf: ‚Ich spring jetzt 134 Meter. Das ist besser, als wenn du dir denkst: ‚Puh, jetzt brauche ich aber einen Super-Sprung.'" Dazu kommt noch das sogenannte „Liberec-Gefühl", wie es Morgenstern

Thomas Morgenstern und Sportdirektor Toni Innauer während einer Pressekonferenz in Oberstdorf am 21. Februar 2008.

nennt. In Liberec hat er seinen ersten Weltcupsieg gefeiert und ist mit 139 Metern Schanzenrekord gesprungen. „Ich hatte zum ersten Mal in meiner Karriere das Gefühl, dass ich perfekt Ski springen kann und ich von mir völlig überzeugt war. Dieses Feeling hatte ich zum Beispiel auch bei meinem Olympiasieg. Dieses Gefühl kann man sich nicht antrainieren, das muss man bekommen."

Zur Grundausstattung des Erfolgs-Adlers gehört aber auch noch eine Riesenportion Siegeswille. „Bereits als Kind wollte ich immer gewinnen und der Erste sein. Das hat sich bis heute nicht geändert und das wird es auch nicht. Ich springe nicht im Weltcup zur Gaudi mit. Natürlich will ich von allen der Beste sein", gibt Morgenstern kund. Und erzählt in einem Gespräch mit Christoph Geiler vom *Kurier:* „Ich bin von klein auf schon der Siegertyp gewesen. Egal, was es war, ich wollte immer gewinnen: Beim Fußball im Nachwuchs, ich will sogar der Erste sein, wenn es drum geht, die Tasche in den Bus zu tun. Das ist in mir drin. Wenn ich einmal hinten bin, dann probiere ich so lange herum, bis ich vorne bin."
Morgenstern gibt zu, selbst sein größter Kritiker zu sein. Und er weiß, dass Zuschauer vor allem eines wollen: „Sieger sehen." Und so lautet auch seinen Devise: „Ein Ziel zu hundert Prozent in Angriff zu nehmen, darauf spezialisiere ich mich. Wenn es eintritt, dann ist es kein Zufall."
Dieses Selbstbewusstsein hat der Ausnahme-Athlet auch durch seine Familie erlangt. Wie Toni Innauer es beschreibt: „Er ist ein Bub aus intakter Familie, in der man weiß, welche Werte zählen." Rückhalt bekommt er aber auch von seiner Langzeit-Freundin Kristina, mit der er gerade ein Haus in Seeboden am Millstätter See gebaut hat – zwei Kinderzimmer

inklusive. Und bei der er Unterstützung, Rückhalt und auch Trost findet. Spirituelles Doping betreibt Morgenstern, indem er sich mit dem Buddhismus auseinandersetzt. Er liest darüber viel, ebenso wie über Esoterik, Mönche, Reki und Karma. „Die ganze Materie interessiert mich einfach und ich glaube an die Reinkarnation", meint Morgenstern. „Ich bin überzeugt, dass mich diese Dinge sowohl im Leben als auch im Sport weiterbringen. Sie zeigen mir, dass man im Leben zu den Mitmenschen stets fair und freundlich sein soll."

Diese Mischung aus Coolness, Talent, Zielstrebigkeit, Siegeswille und gutem Karma wird quasi garniert mit einer großen Faszination für das Skispringen an sich. „Mich haben schon beim Skifahren in erster Linie die Buckel interessiert. Meinen ersten Sprung hab ich auf einer selbst gebauten Schanze absolviert, da war ich neun Jahre alt. Diese paar Sekunden, die du in der Luft schwebst so wie ein Adler, die dauern eine halbe Ewigkeit. Ein Wahnsinn, ein Traum! Und jede Sekunde, die du länger oben bleiben kannst, verstärkt dieses Gefühl noch", schwärmt Morgenstern. „Jeder, der schon einmal Fallschirmspringen oder Paragleiten war, kann das nachvollziehen. Fliegen ist das Schönste, was es gibt!"

Mit diesem Enthusiasmus und der Liebe zum Sport ist Thomas Morgenstern für viele Zuschauer der „Sieger des Herzens". Auch wenn es mal nicht so klappt wie erhofft. Wie beliebt er ist, zeigt auch die Auszeichnung als Sportler des Jahres 2008. Einem Journalisten, der ihn anlässlich der Auszeichnung fragt, ob er sich ärgert, dass Skispringen kein internationaler Top-Sport ist, antwortet der frisch gekürte Publikumsliebling: „Ach was! Skispringen ist einzigartig: Die ganze Sache dauert nur wenige Sekunden, aber wie viele auf der Welt gibt es wirklich, die nachvollziehen können, was in diesen Sekunden passiert?"

Das Einzige, was der junge Kärntner an „seiner" Sportart ändern würde, wäre der beinharte Kilo-Kampf. „Ich würde den Body Mass Index weiter nach oben schrauben. Denn mit dem Gewicht habe ich immer ein bisschen Probleme, da sind meist zwei, drei Kilo zu viel da", gesteht er in einem Interview. Und weiß: „Ich bin jetzt nicht der Vorzeige-Athlet, was die Ernährung betrifft. Ich esse alles, was mir Spaß macht und schmeckt. Also warum nicht auch einmal eine Pizza, einen Schweinsbraten oder eine Schokolade?" Dennoch wiegt er nur 65 Kilo bei einer Größe von 1,80 Metern. Also ist er wohl doch sehr diszipliniert …

Diese Eigenschaft braucht „Morgi" auch noch bei seinem großen Hobby – dem Fliegen das er vielleicht auch mal zum Beruf machen wird. „Ich darf jetzt einmotorige Maschinen bis 2,5 Tonnen fliegen. Pilot zu werden, das war schon als Bub ein Traum von mir, weil es ebenfalls ein Erlebnis ist, das nicht viele Leute kennen lernen dürfen. Es ist spannend, einmal

Kommentator und Athlet kämpfen gemeinsam für eine gute Sache: Michael Roscher und Thomas Morgenstern bei Armin Assingers „Millionenshow"-Special „Sportler für Sportler", 25. Oktober 2010.

länger als sechs bis sieben Sekunden in der Luft zu schweben. Und ich wollte schon immer probieren, wie es ist, mit Hilfsmitteln zu fliegen", erklärt er der *Neuen Vorarlberger Tageszeitung* Ende November 2008.

Echte Hardcore-Morgenstern-Fans werden sich vielleicht über diese Aussage wundern, war doch in früheren Interviews immer vom Buben-Traum Polizist die Rede. So sagte er genau zwei Jahre vorher derselben Zeitung: „Schon als Kind habe ich in jedes Stammbuch geschrieben, dass ich Polizist werden will. Mein Onkel Alois, der im Ski-Weltcup fuhr, ist Polizist. Mir würde es irrsinnig taugen, mit der Zivilstreife auf der Autobahn unterwegs zu sein."

Ob da jemand zwei Träume hatte oder von Imageberatern auf cooler getrimmt wurde, ändert letztlich nichts an Morgensterns Springerqualitäten.

Und schließlich ist das Leben nach dem Springen noch eine ganze Weile weg. Nur bei einem ist sich der 25-Jährige sicher: „Ich möchte nicht so enden wie viele ehemalige Spitzensportler – als Skilehrer oder Funktionär. Das finde ich langweilig. Und ich mag es lieber spannend! So wie mein Lebensmotto: *No risk, no fun*. Frei übersetzt: Eine Hetz hat nur der, der auch was riskiert."

Heike Kossdorff

Das freiheitsliebende Stehaufmännchen
Andreas Kofler

Ein toller Typ: „Kofi" und seine Fans.

Rechte Seite: Triumphales Comeback in Oberstdorf bei der Tournee 2009/10: Andreas Kofler steht wieder ganz oben.

Die knappste Entscheidung, die es jemals beim Skispringen bei den Olympischen Spielen gegeben hat, machte Andreas Kofler zur tragischen Figur seiner Sport-Disziplin. Gegen diese Rolle und den damit verbundenen Ruf als „ewiger Zweiter" musste er jahrelang ankämpfen. Und für viele ist es heute noch das Erste, was ihnen beim Namen Kofler einfällt.

Das schicksalsträchtige Erlebnis am 18. Februar 2006 in Turin beschreibt Toni Innauer in seiner Autobiografie *Am Puls des Erfolgs* so: „Kofler führt nach dem ersten Durchgang mit 4,3 Punkten Vorsprung auf Morgi. Im Finale landet Morgi nach einem befreiten, euphorischen Satz bei 140 Metern. Die Silbermedaille ist ihm sicher. Andi Kofler springt praktisch genauso weit wie Morgi. Die Weite muss komfortabel reichen, aber er hat den Aufsprung ein bisschen verwackelt. Kofi jubelt ausgelassen, Morgi läuft zu ihm in den Auslauf, um zu gratulieren. 139,5 Meter. Jubel bei den Zuschauern. Kofi ist in diesem Moment fest davon überzeugt, Olympiasieger zu sein. Die Noten der Sprungrichter erscheinen auf der Anzeigetafel. Kofi beginnt vor Freude zu hüpfen, während neben ihm Thomas Morgenstern plötzlich den Rücken durchstreckt und sich selbst über den Kopf zu wachsen scheint. Die Sprungrichter haben Andreas Koflers Unsicherheit knallhart bestraft. Morgi liegt um 0,1 Punkte vor Kofi. Nicht der stets freundliche Tiroler, sondern der siegeshungrige Kärntner ist Olympiasieger."
Und der frisch gebackene Sieger weiß, wie schwerwiegend dieses Ergebnis ist. „Das ist kein normales Weltcupspringen, das sind Olympische Spiele. Wer da mit 0,1 Punkten Unterschied Gold verliert, hat schon daran zu knabbern", meint Thomas Morgenstern. Andreas Kofler will sich aber partout von den Medien nicht zur Verlierer-Figur machen lassen und

FIS
Jack

verkündet tapfer immer und immer wieder: „Ich habe nicht Gold verloren, sondern Silber gewonnen!“

In der nächsten Saison nützt ihm all die Tapferkeit aber auch nichts mehr. Der junge Tiroler fällt – wortwörtlich – ins totale Tief. Zuerst stürzt er beim zweiten Springen von Engelberg, bleibt aber unverletzt. Beim Auftakt zur Vierschanzentournee einige Tage später stürzt er erneut nach einer verpatzten Landung und kracht in die Werbeabgrenzung. Nach diesen beiden Vorfällen scheint der Stams-Absolvent keinen Halt mehr zu finden und fällt in ein Loch, das zwei Jahre anhalten soll.
Und dann – als schon keiner mehr wirklich mit dem Tiroler Naturburschen gerechnet hat – taucht er wie ein Stehaufmännchen aus der Versenkung auf. In Bischofshofen, der letzten Station der Vierschanzentournee, gewinnt er am 6. Jänner 2010 die Gesamtwertung der deutsch-österreichischen Sprunglaufveranstaltung. Fast 1,5 Millionen Österreicher sind an diesem Dreikönigstag im ORF Augenzeugen des Triumphs des „neuen Königs der Lüfte“. Schon bei der Landung reißt Kofler die Arme in die Höhe und jubelt völlig ausgelassen mit geballten Fäusten, die er immer wieder in den Himmel streckt. Es scheint, dass der 25-Jährige damit allen angestauten Frust der letzten Jahre rauslässt. Seine Begeisterung ist so mitreißend, dass sich die gesamte Mannschaft mit ihrem „Kofi“ freut. Schlierenzauer verbeugt sich vor seinem Kollegen aus dem Stubaital. Thomas Morgenstern und Wolfgang Loitzl tragen ihren Kollegen durch den Schanzenauslauf.

Und Koflers Comeback wird die Geschichte vom „Tiroler Pechvogel, der von der Talsohle direkt auf Wolke sieben flog“. Ein „schönes Märchen“, meint dazu Toni Innauer, und Thomas Morgenstern, sein Olympia-Konkurrent von 2006, zeigt sich erleichtert: „Mir ist ein Stein vom Herzen gefallen. Er hat es sich verdient, er ist ein toller Typ. Jetzt hat er auch endlich etwas, an dem er sich festhalten kann. Etwas, wo nur sein Name draufsteht.“ Auch Sportmanager Hubert Neuper findet nur die besten Worte für Kofler, seine Beharrlichkeit und das, was er erreicht hat. „Das muss man jetzt einmal in aller Deutlichkeit sagen: Andreas Kofler ist das Symbol dafür, dass man nie aufgeben darf! Man soll nicht dauernd über Krisen oder das eigene Leid sprechen, sondern beharrlich an sich selbst arbeiten. Er hat an sich geglaubt, auch in kritischen Phasen hat er durchgehalten. Das ist wahre Größe. Das verdient Respekt.“
Und Kofler selbst formuliert nach seinem Sieg schlagzeilenreif: „Ich war im Niemandsland, bin in der Luft gehängt und habe gewusst, dass ich mich selbst retten muss.“

Auf die Silbermedaille von Turin folgt ein „brutales Wellental": Andreas Kofler bei einem Springen in Oberhof.

Nachfolgende Doppelseite:
Andreas Kofler am 17. Oktober 2006 im Windkanal der Rail Tec Austria in Wien-Floridsdorf.

Die letzten zwei Jahre beschreibt er anschließend in Interviews so: „ Das war ein brutales Wellental. Ich habe nicht gewusst, was ich falsch mache, und musste erst merken, dass ich mich da nur selbst aus dem Sumpf ziehen kann. Und so habe ich im Laufe der Zeit jede noch so schwierige Stufe genommen." Und er ist dafür belohnt worden. „Dieser Triumph ist für mich eine echte Befreiung. Ich bin sehr stolz", freut sich Kofler, der die Sympathien aller Zuschauer auf seiner Seite hatte: „Vor Bischofshofen habe ich SMS bekommen, wo sich die Leute durchaus einiges vom Herzen geredet haben. Bei mir war es sicher eine sehr emotionale Situation, die viele Leute berührt hat."

Denn den Weg zurück zum Erfolg hat sich der junge Tiroler hart erarbeitet und erkämpft. Einen Ausflug in seine Vergangenheit inklusive. Erst bindet er sich wieder an seinen Jugendtrainer Markus Maurberger, der in ihm einst die Leidenschaft fürs Springen weckte. Dann geht Kofler sogar wieder zurück auf die Kinderschanze in Natters, wo er als Knirps seine

ÖBB
uvex

FISCHER
uvex

Andi Kofler vor der Zugspitze: Beim Neujahrsspringen 2010 in Garmisch Partenkirchen belegt er den vierten Platz und hält weiter Kurs auf den Tourneesieg.

Karriere startete. Dort trainiert er nun neben achtjährigen Kindern und lernt auf dem 40-Meter-Bakken das Skispringen nochmals von der Pike auf. Ein mutiger Schritt zurück, den nicht jeder auf sich nehmen würde. „Ich habe über 1000 Sprünge mit der falschen Technik gemacht – es war nicht so leicht, diesen Fehler auszumerzen", erinnert sich Kofler. Und Maurberger meint: „Andi war so blockiert, dass seine Sprünge schon gefährlich waren." „Ich habe praktisch wieder bei Null begonnen", erklärt der 26-Jährige diese Aufbauarbeit.
An ein Karriere-Ende hat er trotz der vielen Tiefschläge nie gedacht. „Erstens springe ich dafür viel zu gerne und zweitens hat in meiner Karriere immer alles länger gedauert. Ich war halt nicht das Übertalent." Aber offensichtlich ein zäher Kämpfer. „Kofi hat gelernt, die Verantwortung für sich und seine Leistungen zu übernehmen", ist Cheftrainer Alexander Pointner stolz. Lobende Worte von jemandem, der „Kofi" immer kritisiert hat, dass er „zu selten die Sau rauslässt".
Mentale Unterstützung bekam Andreas Kofler übrigens auch – und zwar von Bestseller-Autor Paulo Coelho. Wenn auch nicht persönlich, so ist jedoch dessen Esoterik-Buch *Krieger des Lichts* zum ständigen Begleiter

Im Leben gibt es immer wieder eine zweite Chance: Andi Kofler nützt sie in Oberstdorf 2009.

des jungen Tirolers geworden und Coelhos Botschaft zu Koflers Credo: Für jede Niederlage gibt es zwei Siege. Und: Im Leben gibt es immer eine zweite Chance. „Ich identifiziere mich stark mit diesen Lehren", gesteht der Wintersportler. In einem Interview wird er auf Grund seiner Lektüre gefragt, ob er ein gläubiger Mensch sei, und Kofler antwortet: „Das bin ich mit Sicherheit. Ich glaube an eine höhere Kraft, die mich leitet und meinen Weg gehen lässt."

Für seinen neuen Weg – Richtung Erfolg – hat der 26-Jährige auch sein Privatleben neu gestaltet: „Ich habe einen Reifeprozess durchgemacht und das Zepter schließlich selbst in die Hand genommen. Sehr wichtig war für mich der Umzug in eine eigene Wohnung", erzählt Kofler nach dem Sommer 2009. Seine erste eigene Drei-Zimmer-Wohnung in Thaur hilft ihm beim Reifeprozess. „Ich muss mir meine Zeit jetzt selbst einteilen – wann ich aufräume, wann ich koche. Das hilft mir im Sport, weil ich vorausdenken muss", argumentiert Kofler. Und bekommt Lob vom Trainer. „Er steht jetzt auch privat mit beiden Beinen im Leben", so Pointner. Optisch wird Koflers neuer Hobbykeller von einem Poster seines Vorbilds dominiert. Es zeigt Hermann Maier bei seinem legendären Olympiasturz.

Höchste Konzentration auf den Absprung: „Kofi“ beim Training zum Skifliegen in Oberstdorf, 29. Jänner 2010.

Rechte Seite:
Vor dem Training in Willingen bleibt für Andi Kofler und Gregor Schlierenzauer noch Zeit für eine Spritztour mit dem Quad, 5. Februar 2010.

Kofler: „Er hat immer gekämpft. Genauso wie ich.“ Auch familiär hat der junge Athlet schon harte Zeiten hinter sich. Seine Eltern trennen sich, als er ein Kind ist. Ein Umstand, der ihn sehr lange belastet hat. Vor allem der Sport – damals noch Fußball – hilft ihm, mit der Scheidung umzugehen. Für Kofler ist gerade auf Grund dieser Vorgeschichte die Familie sein Ein und Alles. So sind Mutter Renate und Schwester Daniela auch extra zum Springen nach Bischofshofen angereist und konnten seinen Triumph miterleben. „Der Andi hat uns so viele Nerven gekostet. Wir haben so mit ihm mitgezittert. Aber jetzt ist alles gut.“

Private Unterstützung bekommt er auch von Langzeitfreundin Michaela. Die Karrierefrau managt in Wels und Vöcklabruck zwei Snowboard-Shops. Und oft genug muss Kofler sich rechtfertigen, dass er eine Fernbeziehung führt. Immer wieder wird er auch von Journalisten gefragt, ob er überhaupt noch eine Freundin habe. Schließlich binden sich die meisten Sportler schon sehr früh sehr eng, da wird bei einem Athleten mit „lockerer“ Beziehung schon gern nachgehakt. „Wir sind zwei selbstständige Menschen, denen Freiraum wichtig ist. Ich kann nur sagen, dass es zwischen uns beiden passt und die Michaela und ich zusammen sind“, kontert er dann.

Und auch wenn er sein Liebesleben noch mit vielen Freiräumen luftig lässt, für sein Leben nach der Sportlerkarriere hat er schon konkrete Vorstellungen. So hat er 2007 die für Polizeispitzensportler auf vier Jahre bemessene Ausbildung zum Exekutivbediensteten der österreichischen Bundespolizei begonnen. „Die Polizei ist für mich eine super Sache. Hier erhalte ich eine Ausbildung und bin für die Zukunft abgesichert“, meint Kofler. „Ich könnte mir aber gut vorstellen, bei der Alpin-Polizei zu arbeiten und in Notfällen zu helfen. Außerdem wäre ich hier ständig in Kontakt mit der Natur. Das würde mir gefallen.“ Und der Bevölkerung wohl auch. Als der Polizist in spe diesen Mai seine ersten Verkehrskontrollen im Raum Hall macht, wird er von vielen Autofahrern erkannt und freundlich gegrüßt. Ein Feedback, dass dem Tiroler gut tut: „Ich finde diese Arbeit befruchtend für meinen Sport.“

Und für den gilt zurzeit das Motto des Siegers Kofler: „Egal, ob Training oder Wettbewerb: Ich springe immer so, als wäre es mein letztes Mal.“

Manner
Red Bull
SKI AUSTRIA
OMV
OMV
Jack Wolfskin
4x4
700 H1 EFI

Heike Kossdorff

Der in sich ruhende Schattenmann
Wolfgang Loitzl

Ein herzlicher Gruß an die Fans: „Wuff" bei der Skiflug-WM 2010 in Planica.

Rechte Seite: Auftakt zu einer eindrucksvollen Siegesserie: Wolfgang Loitzl konzentriert sich auf seinen Qualifikationssprung in Oberstdorf, 28. Dezember 2008.

Die meisten Sportler-Karrieren laufen ja so ab: Ein junges Talent wird entdeckt, es steigert sich stetig, bis es eine gewisse Altersgrenze erreicht hat und die Top-Leistungen wieder abnehmen – es gibt also quasi eine Erfolgskurve. Auf Wolfgang Loitzl trifft das allerdings überhaupt nicht zu.

Natürlich ist auch der Steirer ein junges Talent gewesen, das beim sogenannten Gugelhupf-Springen (gehüpft wird über improvisierte Schanzen, für den Gewinner gibt es als Belohnung einen Gugelhupf) auf sich aufmerksam machte. „Er hat die richtige Statur gehabt", erinnert sich sein Vater Josef. Das Talent aus Bad Mitterndorf wird entdeckt und besucht – wie fast alle erfolgreichen Springer – die Skischule in Stams. Erste Erfolge beeindrucken Experten. So meinte etwa der frühere Sprunglauf-Chef Paul Ganzenhuber über den damals 17-Jährigen: „Wolfgang Loitzl wird uns noch viel Freude machen, da bin ich mir sicher." Und 1998 attestierte Hubert Neuper ihm alle Voraussetzungen, um „ein ganz Großer im Sprungsport" zu werden.

Und dann bricht „Wuff", wie er seit Schultagen genannt wird, aus der Erfolgskurve aus und seine Laufbahn stagniert. Zwölf Jahre oder 222 Weltcup-Bewerbe absolviert er ohne einen einzigen Erfolg als Einzelspringer. Und es gibt zahlreiche Tiefs. Etwa als er beim Weltcup in Zakopane im Jänner 2004 mit dem Schuh am Balken hängen bleibt, die Anlaufspur hinunterrutscht und kurz vor dem Schanzentisch liegen bleibt. Dafür wird er in Deutschland als „Schanzen-Depp" verunglimpft. Oder als er 2006 bei den Olympischen Spielen in Turin nicht zum Einsatz kommt und 14 Tage im Hotelzimmer grübelt. „Verzweifelt war er", erinnert sich seine Mutter Elisabeth. Und zum ersten Mal denkt der Zeitsoldat ernsthaft ans Aufhören.

Dabei ist Loitzl bis zu diesem Zeitpunkt trotz mangelnder Sieger-Qua-

POWER HORSE
ENERGY DRINK
tirol
Jack Wolfskin
OMV
69
OBERSTDORF

Tirol

litäten eine ganz wichtige Stütze des heimischen Skisprung-Teams gewesen, als welche er immerhin für zahlreiche Podest- und Top-10-Ergebnisse sorgte. So hat er etwa bei den Weltmeisterschaften 2001, 2005 und 2007 Gold mit der Mannschaft gewonnen. Aber sein Betreuungsteam weiß halt auch, dass er eigentlich mehr kann. „Als Coach war ich wegen Wolfis Gelassenheit nahezu verzweifelt", erinnert sich Toni Innauer. „Die Voraussetzungen, um Einzelweltmeister zu werden – Sprungkraft und -technik, mit Abstrichen auch Fluggefühl und einen perfekten Aufsprung –, hat Wolfgang immer gehabt. Aber er konnte seine Fähigkeiten nie in ein synergetisches System überführen, das die eine Kraft mit der anderen verknüpft. Wahrscheinlich lag es daran, dass er durchaus damit zufrieden war, bei einem großen Wettkampf Siebenter zu werden." Und Cheftrainer Alexander Pointner bemerkt mehrmals, dass er ihm „am liebsten manchmal in den Hintern getreten hätte" wegen mangelnder Siegermentalität.

Triumphale Rückkehr nach Hause: Transparent seiner Heimatgemeinde Bad Mitterndorf für Tourneesieger Wolfgang Loitzl, 8. Jänner 2009.

Linke Seite: Bewältigt mit Gelassenheit einen schwierigen Balanceakt: Wolfgang Loitzl ist als zweifacher Vater erfolgreich.

Nachfolgende Doppelseite: Blick auf die Stätte seines nächsten Sieges: Wolfgang Loitzl beim Training am Bergisel, 3. Jänner 2009.

Das Sitzenbleiben in Turin bringt dann aber den nötigen Umschwung. Und Loitzl leitet seinen langen, aber beständigen Weg zurück an die Spitze ein. Zuerst distanziert er sich einmal von den jungen Konkurrenten im eigenen Team, also Gregor Schlierenzauer und Thomas Morgenstern. „In den ersten Jahren meiner Karriere war der Druck von hinten nicht so stark da, in den letzten Jahren haben mir die Jungen das Leben schwer gemacht", gesteht er offen. Und trainiert ab sofort mit der zweiten Garnitur der Skispringer. Eben weil er die stetigen Vergleiche mit den „Jungen" vermeiden will. Und „weil ich in meinem Alter nicht mehr das Programm fahren muss wie die Jungen". „Der Wuff hat eben ganz andere Voraussetzungen", betont Nick Huber, Loitzls Trainer. „Er ist als Einziger bereits zweifacher Familienvater. Da sind die Ansätze schon ganz andere. Weil er zwischen Familie und Beruf einen schwierigen Balanceakt bewältigen muss." „Ich habe ja selbst bemerkt, dass ich als Papa vorsichtiger geworden bin", gibt Loitzl preis.

Und dann – drei Jahre nach der Entscheidung, mit dem B-Kader zu trainieren – ist er plötzlich da, der Erfolg. Am Neujahrstag 2009 erspringt Wolfgang Loitzl bei der Vierschanzentournee in Garmisch-Partenkirchen seinen ersten Sieg als Einzelspringer. Und wie auch noch: So erhält er für seinen zweiten Sprung viermal die Höchstnote 20. Und dann geht es

CARRERA
CARRERA

Vom Platzspringer zum Siegspringer: Wolfgang Loitzl am Bergisel in der Anlaufspur, 3. Jänner 2009.

Schlag auf Schlag. Am 4. Jänner gewinnt er auch das Tourneespringen am Bergisel in Innsbruck. Und beim Abschlussspringen der Tournee, am 6. Jänner in Bischofshofen, wird sein 142,5-Meter-Sprung im ersten Durchgang als perfekt gewertet: fünfmal die Note 20 – das ist zuvor erst vier Springern gelungen.

Die Sensation ist perfekt – die Geschichte des zweifachen Vaters und „Oldies" des Teams, der sich auf das Siegerpodest nach so vielen Jahren zurückgekämpft hat, Stoff, aus dem Journalisten-Träume sind.

Und jeder, der vom Skispringen eine Ahnung hat, meldet sich nun zu Wort. Ex-Skispringer Armin Kogler meint etwa: „Der Schattenmann hat zugeschlagen, nachdem er bislang immer nur für die Mannschaft die Kastanien aus dem Feuer holen durfte." Und Sportmanager Hubert Neuper versucht den plötzlichen Erfolg so zu erklären: „Es gibt kein Geheimnis, die Erklärung ist ganz einfach. Beim Skispringen fährst du mit 23 Metern pro Sekunde auf eine Kante zu, die du perfekt treffen musst. Die Kunst ist es, beim Sprung nicht darüber nachzudenken, sondern alles zuzulassen. Der Verstand darf keinen Einfluss nehmen, es funktioniert nur

über die Intuition. Und beim Wolfgang passt das jetzt." Und Ex-Rennsportdirektor Toni Innauer sagt: „Es war eine große Freude für mich, Wolfgang Loitzl dabei zuzuschauen, wie er seine Chance, als sie da war, genoss."

Kein Schattenmann mehr: Am 21. Februar 2009 gewinnt Wolfgang Loitzl bei der WM in Liberec auf der Normalschanze die Goldmedaille.

Auch Loitzls Familie ist im Sieges-Taumel. Obwohl seine Frau Marika normalerweise nie bei einem Weltcupspringen vor Ort ist, drückt sie diesmal in Bischofshofen die Daumen. Auch seine Oma Annemarie Schoder sieht den Siegessprung: „Er hat eine lange Durststrecke hinter sich. Aber jetzt hat er den Durchbruch geschafft."
Und Loitzl selbst? Er kann anfangs kaum realisieren, was da passiert ist. „Das hat mich emotional schon sehr mitgenommen. Das war sehr viel, was da auf mich eingestürzt ist", meint er in einem Zeitungsinterview. Der Rummel, der um den neuen Superadler herrscht, macht ihm allerdings nicht zu schaffen. „Ich habe kein Problem damit, wenn es intensiver ist. Die Anerkennung taugt mir. Ich genieße es, das habe ich in der Intensität ja noch nie durchgemacht." Und setzt ehrlich hinzu: „Ich hätte nichts dagegen, wenn es noch länger andauern sollte."

Zu so einem Sport-Märchen gehört freilich auch die Analyse, und so beschäftigt sich sein Betreuerteam mit dem „Warum" und „Wieso". So meint etwa Innauer in seinem Buch *Am Puls des Erfolgs,* dass es wahrscheinlich gut war, dass „Wuff" für den Erfolg so lang gebraucht hat: „Als ich Wolfgang Loitzl dabei zuhörte, wie er vor dem letzten Durchgang der Vierschanzentournee, die er mit diesem Sprung gewinnen konnte, locker mit dem Fernsehreporter plauderte und dabei die absolute Gewissheit ausstrahlte, dass ihm auf den letzten Metern nichts mehr in die Quere kommen werde, musste ich schlucken. Ich erinnerte mich an den jungen Innauer, der in genau dieser Situation die Nerven weggeworfen hatte. Aber Wolfgang Loitzl war nicht in Gefahr, denselben Fehler wie ich zu machen. Er hatte im Lauf seiner langen Karriere gelernt, die nötigen Automatismen nachhaltig zu stabilisieren und die Leistung zum richtigen Moment abzurufen."
Und Sportpsychologe Christian Uhl beschreibt das Phänomen Loitzl im *Kurier* so: „Innerlich war er immer schon ein Vulkan, da hat's gelodert. Jetzt ist der Vulkan auf der Schanze ausgebrochen." Verantwortlich dafür sei, so Uhl, der Vorteil, dass er beide Seiten des Sports – Erfolg und Misserfolg – kennt. „Loitzl hat keine Angst vor Druck, weil er bereits weiß, wie es sich anfühlt, Misserfolg zu haben. Er denkt nicht darüber nach, was er alles nicht kann oder was passieren kann, wenn er nicht gut springt. Sondern er vertraut einzig und allein seinen Stärken. Das Denken und das Handeln stimmen überein. Wir Sportpsychologen sagen dazu: Er ist voll und ganz bei sich." Loitzl selbst analysiert seinen Triumph folgendermaßen: „Mit dem ersten Sieg hat sich ein Knoten gelöst. Denn auch das Siegen muss man lernen. Heute sitze ich mit einem ganz anderen Selbstvertrauen auf dem Balken als früher. Es spielt sich viel im Kopf ab und man macht sich das Leben oft schwerer, als es eigentlich ist."
Trotz der Meinung von Innauer und Uhl, dass er durch seine Niederlagen gereift und stark geworden ist, kann Loitzl selbst seinen Misserfolgen nicht viel Gutes abgewinnen. „Wenn ich mir etwas wünschen könnte, dann, dass ich diese Erfolge gerne ein paar Jahre früher erlebt hätte. Dann hätte ich auch mehr daraus machen können und ich hätte das eine oder andere Jahr quasi nicht vergeudet. Andererseits: Besser jetzt den Erfolg als nie."
Und um dem Erfolg treu zu bleiben, erspringt er bei seinen vierten Olympischen Spielen im Februar 2010 in Vancouver mit der Mannschaft seine erste Medaille. „Ich habe meinen Frieden gefunden", meint der 30-Jährige danach, „diese Medaille war mir ein riesengroßes Bedürfnis."
Den Ausgleich für sein stressiges Leben findet Loitzl wie die meisten seiner Kollegen bei seiner Familie. Allerdings hat er – im Gegensatz zu

Der alte und der junge Superadler: Gregor Schlierenzauer und Wolfgang Loitzl nach ihrem Doppelsieg in Zakopane am 17. Jänner 2009.

Schlieri und Co – schon eine eigene gegründet. Mit seiner Frau Marika hat er die beiden Söhne Benjamin und Niklas. Nach der Geburt seines ersten Buben meint das frischgebackene Familienoberhaupt: „Vater zu werden, ist das schönste Gefühl, das ich je hatte. Dagegen kann kein sportlicher Erfolg an." Vielleicht kann der Sportler des Jahres 2009 aber in Zukunft sogar seine Vaterrolle und die Sporterfolge vereint sehen – denn Stammhalter Benjamin ist heute schon ein großer Skisprung-Fan, der seinem Papa eifrig auf der Schanze nacheifert.

Aber erstmal ist der große Loitzl noch am Zug. Und auch wenn er schon die biologische Uhr ticken hört, meint er: „Ans Aufhören denke ich noch nicht. Momentan läuft alles so gut und ich habe keine Wehwehchen. Bei den Olympischen Spielen 2014 bin ich 34. Vielleicht bin ich ja dort auch noch dabei."

Voller Leidenschaft: das Kulm-Projekt

Josef Metzger im Gespräch mit Hubert Neuper

Herr Neuper, Sie gelten als Event-Guru im Skispringen. Wie sind Sie dazu gekommen? Hat Sie schon die tolle Länderspielkulisse bei Olympia 76 am Bergisel animiert, als sie 15 und Vorspringer waren?

Das war damals gewaltig, da hab' ich mir gesagt: Das ist mein Leben. Aber da hab' ich nicht einmal davon geträumt, so was zu machen.

Und wie kam es schließlich doch dazu?

Durchs Fliegen und durch den Gerhard Berger.

Was hat Gerhard Berger damit zu tun gehabt?

Ich war Anfang der 90er-Jahre bei ihm Pilot, da hab' ich hautnah die Formel 1 erlebt, durch Berger auch Ecclestone kennen gelernt, gesehen, wie ein sportliches Großereignis inszeniert, was auch für die Partnerfirmen gemacht wird, wie Leidenschaft transportiert wird. Das hat mich fasziniert.

Und wie kam's dann dazu, dass sie selbst Event-Guru wurden?

Der ÖSV, besser gesagt: Präsident Schröcksnadel, hat mich gefragt, ob ich nicht die Skiflug-Weltmeisterschaften am Kulm organisieren will. Die Frage war da: Können wir das zusammenbringen? Ich war mir sicher, dass wir da was Großes daraus machen können, ich und mein kleines Team. Und Geld hat's ja nicht viel gegeben – anders als in der Formel 1. Trotzdem haben wir von 100.000 Zuschauern geträumt.

Wie haben Sie es geschafft?

Als ich gesagt hab, was wir alles aufbauen wollen, einen großen VIP-Bereich und Logen, da haben's mich als Trottel hingestellt und als Fantasten belächelt. Wir haben auch kein Geld für Marketing gehabt, dafür aber waren wir voller Leidenschaft. Und die wollten wir übertragen.

Und wie haben Sie das versucht?

Die erste Idee war, nach Wien zu gehen, um Werbung für den Kulm zu machen, das war 1994. Da haben wir am Heldenplatz eine kleine Schanze aufgebaut, die Medien mobilisiert, das Fernsehen, die Sprünge sind bis 25 m gegangen, wir waren auf sieben Titelseiten der Zeitungen. Das war super, aber zwei Jahre zu früh. So haben wir uns was Neues einfallen lassen müssen …

Sie haben lange nachgedacht, dann aber eine ganz ausgefallene Idee gehabt …

Ich wollte was ganz Neues machen, hab' mir gedacht: Hey, warum nicht eine tolle Veranstaltung mitten in New York, ein Springen im Big Apple hat's noch nie gegeben? Davon redet man nicht nur bei uns, das sprengt die Grenzen. Und mir ist's gelungen, die AUA und Red Bull an Bord zu

Erste Versuche im Springerzirkus: der 15-jährige Hubert Neuper auf der Paul-Ausserleitner-Schanze in Bischofshofen, 5. Jänner 1976.

holen, mit 25 Springern und 200 Leuten, Sponsoren, Journalisten, wichtigen Personen sind wir im November 1995 rüber.

Und das haben Sie alles allein organisiert?

Nein, da ist ein alter Freund ins Spiel gekommen, der Karl Hofer, ein Wiener, der in New York tolle Kontakte hat. Erst wollten wir ja in den Central Park, aber die wollten 100.000 Dollar Miete, wie hätten wir die zahlen sollen? So sind wir im Battery Park nahe der Wallstreet gelandet, der Commissioner hat's genehmigt, ein 40 m hohes Schanzengerüst wurde aufgestellt, Karli hat den Schneetransport aus Lake Placid organisiert. Es waren viele Topstars da, der Klammer, die Annemarie Moser-Pröll, Peter Müller, Christa Kinshofer, Michel Veith, Doug Lewis, Eddie „The Eagle" Edwards, der unglaublich populär war, und – als Farbtupfer – Hubertus von Hohenlohe.

Und haben die New Yorker das auch mitbekommen?

Ja, der Karl hat's geschafft, dass wir mit einem Kurzfilm in „Good Morning America" gekommen sind, der ist ein paar Stunden in einer Schleife gelaufen, 400 Millionen Zuschauer hat die Sendung. Und der Film ist auch am Times Square auf einem Giant Screen gezeigt worden, eine Supersache, Werbung für uns, für Österreich, fürs Skispringen und für den Kulm – mitten in New York.

Mit Neuper als Moderator, wenn ich mich richtig erinnere?

Der erfolgreiche Event-Guru: Hubert Neuper mit Niki Lauda beim World Sports Award in der Wiener Staatsoper, 19. November 1999.

Ja, das war nicht geplant. Wir hatten einen amerikanischen Moderator, aber der hat nicht verstanden, das drüber zu bringen, vor allem keine Emotionen. Da hab' ich ihm einfach das Mikro entzogen, auf Englisch selbst kommentiert, versucht, Leidenschaft zu vermitteln. Als ich sagen wollt: Er hebt ab mit einem Brunftschrei, hab ich nicht gewusst, was das heißt, und unseren Botschafter fragen müssen – „he takes off with a roar of a deer". Es war eine Riesenhetz, abends gab's noch einen Empfang im Rainbow Room im Rockefeller Center. Weil's so klass war, sind wir eine halbe Stunde länger blieben – da wollten's 2000 Dollar extra haben …

New York war die Reise wert, der Kulm zwei Monate später ein Hit?

Ja, weil alles zusammengespielt hat. Die Leidenschaft war geweckt, „Goldi" Goldberger in Überform, er ist Weltmeister geworden, an drei Tagen waren 130.000 Zuschauer, sensationell – und es gab VIP-Zelte, die Zuschauer wurden verköstigt, sie mussten nicht frieren, es gab Unterhaltung, sie hatten das Gefühl, dass es sich gelohnt hat, hierher zu kommen, sie waren begeistert. Auch alle Politiker waren da, voran Bundespräsident Klestil und Kanzler Vranitzky, dessen Nachfolger Klima, damals noch Verkehrsminister, und Landeshauptfrau Klasnic, der ein Fauxpas unterlaufen ist: Sie hat Klestil als „Waldheim" begrüßt, ich hab' gedacht, ich versinke im Boden.

Irgendwann danach haben Sie dann ja die Idee eines „World Sports Award" gehabt?

Ja, ich wollte einfach noch Größeres auf die Beine und Bühne stellen. Einige haben mich unterstützt, die meisten aber haben gedacht: So ein Hirngespinst des kleinen Steirers! Auch der ORF ist erst im letzten Moment aufgesprungen, drei Tage vorher, als die Weltstars schon in Wien oder im Anflug waren – 1,4 Millionen haben's im Fernsehen verfolgt, gemacht hat's nicht einmal der Sport, sondern die Unterhaltung. Bis auf Michael Jordan und Steffi Graf, die schon zugesagt hat, aber wegen einer Darmgrippe wieder absagen musste, waren alle da von Muhammad Ali über Pele, Mark Spitz, Bob Beamon, Dick Fosbury, Nadia Comaneci, Dawn Fraser, Franzi van Almsick, Boris Becker, Alain Prost, Niki Lauda, Alfredo Di Stéfano, Ferenc Puskás, Bernie Ecclestone usw – und IOC-Präsident Samaranch, eine unglaubliche Geschichte, meine größte Leistung. Ich hab eine Rede vorbereitet, aber sie haben mich nimmer reden lassen – die ORF-Regie hat g'sagt: Nur noch 30 Sekunden, dann fangt's an. Ein Jahr später in der Londoner Royal Albert Hall bei meinem zweiten World

Spektakuläre Flüge: Sieger Gregor Schlierenzauer landet beim Finale des Skiflug-Weltcups am Kulm seinen Sprung bei 215,5 Metern, 10. Jänner 2009.

Sports Award, als ich mit Roger Moore auf der Bühne gestanden bin, ist's mir genauso gegangen.

Neuper, der Event-Guru, war geboren?

Ja, aber nur drei Wochen nach der Staatsoper hat der Final Countdown zum Fliegen am Kulm eingesetzt, ich war doppelt gemoppelt, das hat mich total geschlaucht, ich war fix und fertig. Und dann sind ja noch andere Querelen dazu gekommen, aber das ist Geschichte, darüber will ich nicht mehr reden.

Dafür aber über den Kulm. Wie oft gab's schon ein Neuper-Event in Ihrer Heimat?

2010 schon das achte Mal – und ich hab Glück gehabt, weil auch das Springerteam um Toni Innauer und später Alex Pointner am Kulm immer super drauf war, oft gewonnen oder zumindest Medaillen geholt hat, das macht alles leichter. Aber wie gesagt, es ist uns gelungen, Leidenschaft zu wecken, alles so zu organisieren, dass die Fans zufrieden sind, auch Muhammad Ali war da, die Spitzen aus Politik und Sport kommen, die Stimmung ist gewaltig, sie reißt die Leute mit, sie sagen sich: Hey, super, dass wir das dabei waren, als der Schlieri einen rausgehaut hat.

Und jetzt geht der Kulm auf seinen Zehner zu, oder?

Ja, wir haben uns für die Skiflug-WM 2012 beworben, wenn es nicht klappt, dann versuchen wir es für 2016. Dafür bauen wir die Schanze um, gehen mit dem Trend der Zeit, das heißt: Wir müssen die Schanze vergrößern. Die Technik, das Material, die Menschen, alles ist besser geworden, die Motivation ist's, Flüge über 250 m und mehr zu erleben. Es ist ein Millionenprojekt, aber da im Grundriss schon fast alles da ist, auch nicht zu teuer. Wir haben mit allen Beteiligten schon geredet, es schaut gut aus, dass wir es hinbringen. Wir tauschen auch Erfahrungen mit anderen Großveranstaltern aus, holen uns da und dort was raus, aber man muss immer Original bleiben, selbst neue Ideen haben. Mit Plagiaten ist nichts zu gewinnen. Und ich selbst kann jetzt Events auch in Eigenregie organisieren – in meiner neuen Hütte unter der Mittelstation der neuen Gondelbahn auf die Tauplitz, der längsten in der Steiermark. Dass die Hütte „Adlerhorst" heißt, das ist eh klar. Schließlich bin ich ja aus einem gekommen.

Triumph auf der Mammutschanze: Gregor Schlierenzauer jubelt über seinen Sieg am 10. Jänner 2009.

Nachfolgende Doppelseite: Länderkampfstimmung in Bad Mitterndorf: Das Skifliegen am Kulm lockt immer wieder Tausende von Fans an, im Bild die Zuschauer während des Probedurchgangs am 9. Jänner 2009.

Die österreichischen Medaillengewinner bei Olympischen Spielen und Nordischen Ski-Weltmeisterschaften

OLYMPISCHE WINTERSPIELE

1960 Squaw Valley
Normalschanze:
Otto Leodolter · Bronze

1968 Grenoble
Normalschanze:
Reinhold Bachler · Silber
Baldur Preiml · Bronze

1976 Innsbruck
Großschanze:
Karl Schnabl · Gold
Toni Innauer · Silber

Normalschanze:
Karl Schnabl · Bronze

1980 Lake Placid
Großschanze:
Hubert Neuper · Silber

Normalschanze:
Toni Innauer · Gold

1992 Albertville
Normalschanze:
Ernst Vettori · Gold
Martin Höllwarth · Silber

Großschanze:
Martin Höllwarth · Silber
Heinz Kuttin · Bronze

Mannschaft, Großschanze:
Silber (Andreas Felder, Martin Höllwarth, Heinz Kuttin, Ernst Vettori)

1994 Lillehammer
Großschanze:
Andreas Goldberger · Bronze

Mannschaft, Großschanze:
Bronze (Andreas Goldberger, Stefan Horngacher, Heinz Kuttin, Christian Moser)

1998 Nagano
Normalschanze:
Andreas Widhölzl · Bronze

Mannschaft, Großschanze:
Bronze (Martin Höllwarth, Stefan Horngacher, Reinhard Schwarzenberger, Andreas Widhölzl)

2006 Turin
Großschanze:
Thomas Morgenstern · Gold
Andreas Kofler · Silber

Mannschaft, Großschanze:
Gold (Andreas Kofler, Wolfgang Loitzl, Thomas Morgenstern, Gregor Schlierenzauer)

2010 Vancouver
Normalschanze:
Gregor Schlierenzauer · Bronze

Großschanze:
Gregor Schlierenzauer · Bronze

Mannschaft, Großschanze:
Gold (Andreas Kofler, Wolfgang Loitzl, Thomas Morgenstern, Gregor Schlierenzauer)

NORDISCHE SKI-WELTMEISTERSCHAFTEN

1939 Zakopane
Josef Bradl · Gold (Bradl trat für die Mannschaft des „Deutschen Reichs“ an)

1978 Lahti
Großschanze:
Alois Lipburger · Silber

1982 Oslo
Normalschanze:
Armin Kogler · Gold

Großschanze:
Armin Kogler · Bronze

Mannschaft, Großschanze:
Silber (Andreas Felder, Armin Kogler, Hubert Neuper, Hans Wallner)

1985 Innsbruck/Seefeld
Normalschanze:
Andreas Felder · Silber

Mannschaft, Großschanze:
Silber (Andreas Felder, Armin Kogler, Günther Stranner, Ernst Vettori)

1987 Oberstdorf
Großschanze:
Andreas Felder · Gold
Ernst Vettori · Bronze

Mannschaft, Großschanze:
Bronze (Andreas Felder, Franz Neuländtner, Richard Schallert, Ernst Vettori)

1989 Lahti
Normalschanze:
Heinz Kuttin · Bronze

1991 Predazzo (Val di Fiemme)
Normalschanze:
Heinz Kuttin · Gold

Mannschaft, Großschanze:
Gold (Andreas Felder, Stefan Horngacher, Heinz Kuttin, Ernst Vettori)

1993 Falun
Großschanze:
Andreas Goldberger · Bronze

Normalschanze:
Andreas Goldberger · Silber

Mannschaft, Großschanze:
Bronze (Andreas Felder, Stefan Horngacher, Heinz Kuttin, Ernst Vettori)

1995 Thunder Bay
Großschanze:
Andreas Goldberger · Silber

1997 Trondheim
Normalschanze:
Andreas Goldberger · Bronze

1999 Ramsau/Bischofshofen
Mannschaft, Großschanze:
Bronze (Martin Höllwarth, Stefan Horngacher, Reinhard Schwarzenberger, Andreas Widhölzl)

2001 Lahti
Normalschanze:
Martin Höllwarth · Bronze

Mannschaft, Normalschanze:
Gold (Andreas Goldberger, Martin Höllwarth, Stefan Horngacher, Wolfgang Loitzl)

Mannschaft, Großschanze:
Bronze (Andreas Goldberger, Martin Höllwarth, Stefan Horngacher, Wolfgang Loitzl)

2005 Oberstdorf
Mannschaft, Großschanze:
Gold (Martin Höllwarth, Wolfgang Loitzl, Thomas Morgenstern, Andreas Widhölzl)

Mannschaft, Normalschanze:
Gold (Martin Höllwarth, Wolfgang Loitzl, Thomas Morgenstern, Andreas Widhölzl)

2007 Sapporo
Normalschanze:
Thomas Morgenstern · Bronze

Mannschaft, Großschanze:
Gold (Andreas Kofler, Wolfgang Loitzl, Thomas Morgenstern, Gregor Schlierenzauer)

2009 Liberec
Normalschanze:
Wolfgang Loitzl · Gold

Gregor Schlierenzauer · Silber

Mannschaft, Großschanze:
Gold (Martin Koch, Wolfgang Loitzl, Thomas Morgenstern, Gregor Schlierenzauer)

Die österreichischen Sieger im Weltcup

(inklusive Siege im Skiflug-Weltcup, Stand: Saisonende 2009/10)

Gregor Schlierenzauer: 32 Siege
Andreas Felder: 25 Siege
Andreas Goldberger: 20 Siege
Andreas Widhölzl: 18 Siege
Ernst Vettori: 15 Siege
Thomas Morgenstern: 14 Siege
Armin Kogler: 13 Siege
Martin Höllwarth: 8 Siege
Hubert Neuper: 8 Siege
Werner Rathmayr: 6 Siege
Wolfgang Loitzl: 4 Siege
Stefan Horngacher: 2 Siege
Toni Innauer: 2 Siege
Andreas Kofler: 2 Siege
Heinz Kuttin: 2 Siege
Alois Lipburger: 2 Siege
Reinhard Schwarzenberger: 2 Siege
Florian Liegl: 1 Sieg
Hans Millonig: 1 Sieg
Christian Nagiller: 1 Sieg
Manfred Steiner: 1 Sieg

Österreichische Sieger im Gesamtweltcup

1979/80: Hubert Neuper
1980/81: Armin Kogler
1981/82: Armin Kogler
1990/91: Andreas Felder
1992/93: Andreas Goldberger
1994/95: Andreas Goldberger
1995/96: Andreas Goldberger
2007/08: Thomas Morgenstern
2008/09: Gregor Schlierenzauer

Österreichische Siege in der Weltcup-Nationenwertung

1979/80, 1980/81, 1981/82, 1989/90, 1990/91, 1991/92, 1992/93, 2002/03, 2004/005, 2005/06, 2006/07, 2007/08, 2008/09, 2009/10

Literaturhinweise

Janne Ahonen, Königsadler. Mein Leben als Skispringer. Berlin 2009
Tim Ashburner, The History of Ski Jumping. Shrewsbury 2003
Sepp Bradl, Mein Weg zum Weltmeister. Innsbruck 1948
Andreas Goldberger, Absprung. Mein Leben im Höhenflug. Aufgezeichnet von Günther Hartl. Bad Sauerbrunn 1996
Julius Gallhuber, Franz Martin und Franz Mauler, Skileben in Österreich. Jahrbuch des Österreichischen Ski-Verbandes. Wien 1935
Felix Gottwald, Ein Tag in meinem Leben. Zell am See 2008
Roland Hamperl, Sprungschanzen und ihre Längenschnitte und Mechanik des Sprunglaufes. In: Skilauf in Österreich. Jahrbuch des Österreichischen Ski-Verbandes. Wien 1927
Reinhard Heß, Mehr als ein Job. Aufgezeichnet von Egon Theiner. Pfaffenweiler 2002
Toni Innauer, Der kritische Punkt. Mein Weg zum Erfolg. Aufgezeichnet von Christian Seiler. Bad Sauerbrunn 1992
Toni Innauer, Man scheitert ja viel öfter als man gewinnt. Der Glaube und der Spitzensport. Anton Innauer im Gespräch. In: Jahrbuch der Diözese Gurk 2008 (Klagenfurt 2007), S. 50–59
Toni Innauer, Am Puls des Erfolgs. Textfassung: Christian Seiler. Fahndorf 2010
Jens Jahn und Egon Theiner, Enzyklopädie des Schispringens. Kassel 2004
Matthias Marschik (Hg.), Helden und Idole. Sportstars in Österreich. Innsbruck 2006 (Mit Beiträgen über Josef Bradl, Toni Innauer und Andreas Goldberger)
Hubert Neuper, Flatline. Wien 2003
Hermann Nußbaumer, Sieg auf weißen Pisten. Bilanz des alpinen Skisports. Linz 1977
Matti Nykänen, Grüße aus der Hölle. Aufgezeichnet von Egon Theiner. Pfaffenweiler 2003
Andreas Hans Peyerl, Skispringer und ihre Schanzen. Salzburg 1949
Tina Schlosser, Skispringen verständlich gemacht. München 2001
Dirk Thiele und Michael Uhrmann, Skispringen kompakt. Berlin 2007
Andreas Widhölzl, Mein Höhenflug. Holzgerlingen 2009

Bildnachweis

Sammlung Dr. Ingrid Hänsel: 12, 13, 14, 15
Anne Kirchberg: 72, 130, 131, 146, 149, 158
Ullstein bild – Pressebildage: 89
GEPA pictures/Thomas Bachun: 1, 6/7
Österreichische Nationalbibliothek, Plakatsammlung: 23
Votava: 21, 24, 25, 26/27, 28, 29, 30, 31, 32, 33, 36, 37, 38, 39, 40, 41, 42, 43, 44, 45, 46, 50, 55, 69, 70 (oben), 71 (oben), 78, 86, 132, 152, 153, 167, 168
EXPA Pictures / EXPA / picturedesk.com: 8/9
Patrick Seeger/APA/picturedesk.com: großes Umschlagbild, 136/137, 155
Hendrik Schmidt/EPA/picturedesk.com: 2, Nachsatz
Mirko Guariello/EPA/picturedesk.com: Vorsatz rechts
Lothar Rübelt/ÖNB Bildarchiv/picturedesk.com: 10, 19, 22
Süddeutsche Zeitung Photo/picturedesk.com: 11
Schlage/ullstein bild/picturedesk.com: 34/35
Karlheinz Fessl/Wuapaa/picturedesk.com: 61
Calle Törnström/APA/picturedesk.com: 49
Rubra/Brandstätter RudolfPressebildagentur/picturedesk.com: 51
Robert Parigger/APA/picturedesk.com: 52, 53
Barbara Gindl/APA/picturedesk.com: 54, 73, 74, 83, 87, 109, 113, 116, 118, 121, 124, 129, 133, 141, 142, 159, 160/161, 170, 171, 172/173
Helmut Fohringer/APA/picturedesk.com: 61, 125
MIRKO GUARRIELLO/EPA/picturedesk.com: 70 (unten)
A3216 Peter Kneffel/dpa/picturedesk.com: 71 (unten)
M. Laux/EXPA/picturedesk.com: 76/77 und Vorsatz links
Jürgen Fechter/EXPA/picturedesk.com: 75
Matthias Schrader/EPA/picturedesk.com: 84, 100/101
Gero Breloer/EPA/picturedesk.com: 85, 139
A3397 Gero Breloer / dpa / picturedesk.com: 111
Ronald WITTEK/Action Press / picturedesk.com: 88
PSPress/picturedesk.com: 91
LIBOR ZAVORAL/CTK/picturedesk.com: 93
Grzegorz Momot/EPA/picturedesk.com: 94/95, 97, 119, 165
Kay Nietfeld/EPA/picturedesk.com: 99
UPI/Heinz Ruckemann/picturedesk.com: 102, 103
Hans Klaus Techt/APA/picturedesk.com: kleines Umschlagbild, 3, 105, 110, 112, 120
R. Hackl,EXPA/picturedesk.com: 115
J. Groder/EXPA/picturedesk.com: 114/115, 134, 156
Gert Eggenberger/APA/picturedesk.com: 117
Markku Ulander/Lehtikuva/picturedesk.com: 122/123
Johannes Kernmayer/APA/picturedesk.com: 126
Kuess/APA/picturedesk.com: 127
Peter Kneffel/EPA/picturedesk.com: 138
J. Feichter/EXPA/picturedesk.com: 143
Milenko Badzic/FIRST LOOK/picturedesk.com: 145
Andreas Gebert/EPA/picturedesk.com: 147
Günter R. Artinger/APA/picturedesk.com: 150/151
Daniel Karmann/EPA/picturedesk.com: 154, 157
Herbert Neubauer/APA/picturedesk.com: 162
Valdrin Xhemaj/EPA/picturedesk.com: 163
Michael Roscher: 48, 60, 62, 63, 65, 67
Armin Kogler privat: 80/81
Josef Bradl, Mein Weg zum Weltmeister (Innsbruck 1948): 17

ATOMIC
Vancouver 2010
121

FISCHER
Vancouver 2010
124